Compendium Grammaticum

Kurze systematische Grammatik für den Lateinunterricht

von Hans Baumgarten

2., verbesserte Auflage

Vandenhoeck & Ruprecht

Die Abbildung auf dem Umschlag zeigt das Bogentor und den
Anfang der Großen Säulenstraße in Palmyra (Aufnahme: Verlagsarchiv).

ISBN 978-3-525-71399-0

2., verbesserte Auflage

Satz: Dörlemann Satz, Lemförde
Druck und Bindung: ⊕ Hubert & Co, Göttingen

Inhaltsübersicht

Zur deutschen Grammatik

Zur Metrik

Index

Vorwort

Compendium Grammaticum ist eine kurze, systematische Grammatik, ohne Bindung an ein bestimmtes Lehrbuch. Das Buch bewährt sich in jedem Abschnitt des Lateinunterrichts, auch in der Lektürephase bis zum Abitur.

Compendium Grammaticum stellt die Grammatik auf der Basis des herkömmlichen Grammatikmodells dar – unter angemessener Beachtung moderner didaktischer und methodischer Prinzipien und mit besonderer Betonung der Satzgliedfunktionen.

Compendium Grammaticum bietet:

- eine systematische Übersicht über die lateinische Formen- und Satzlehre
- eine Beschränkung auf elementare und häufige Phänomene, die jedoch für die Lektüre der Originale ausreicht
- die strikte Einhaltung der lateinisch-deutschen Methode – also den Verzicht auf alle Regeln und Ausnahmen, die nur der Latein Schreibende braucht
- übersichtliche Tabellen zur Formenlehre
- knappe, klare Erklärungen zur Syntax – die aber so ausführlich sind, dass der Leser auf Sprache allgemein, besonders aber auf die Unterschiede zum Deutschen reflektieren kann
- die sorgfältige Einführung zentraler grammatischer Begriffe, besonders aus der Syntax
- einfache Beispiele mit Übersetzung
- viele Tipps und Alternativen für die Übersetzung
- durchgängige Berücksichtigung der deutschen Grammatik, der zusätzlich ein Anhang gewidmet ist.

Die 2., überarbeitete Auflage bietet darüber hinaus

- die neue Rechtschreibung
- einige wenige Zusätze
- einige Verbesserungen des Ausdrucks.

Die Überlegung, ob weitere Phänomene aufgenommen, andere ausführlicher dargestellt werden sollten, hat bestätigt, dass die Kürze des Compendium Grammaticum ein Vorzug ist, der durch eine breitere Darstellung ohne Gewinn für die Lernenden preisgegeben würde. Viele Leser haben sich Tabellen zur deutschen Deklination und Konjugation gewünscht; jedoch: Ein Buch kann dem Unterricht diese heikle Aufgabe nicht abnehmen.

Mit diesem Compendium Grammaticum eignen sich die Schülerinnen und Schüler hoffentlich so viel Sicherheit im Umgang mit der Sprache an, dass ihnen die Lektüre der lateinischen Originale Gewinn bringt und Spaß macht.

Zusätze in dieser Auflage:

27, 30, 91: Objektstelle durch Genitiv oder Ablativ besetzt
90: infinitivus historicus
112 neu: Übersicht: *quod*-Sätze
122: Haupt- und Gliedsätze im Deutschen

Zeichen

Zeichen	Bedeutung	Beispiel
*	die Form ist erschlossen; sie ist nicht überliefert, muss jedoch vormals so gelautet haben	*amīcos > amīcus *posinō > pōnō
>	ist geworden zu	*capire > capere
<	ist entstanden aus	dēlēre < *dēlēse
/	oder/gleichbedeutend mit/ersetzbar durch	iīs/eīs ihm/sie
< >	vom Übersetzer eingefügt	(hī) diese <Männer>
‾	langer Vokal	ā, ē, ī, ō, ū

Laute

§ 1   Laute und Schriftzeichen

Vokale (Selbstlaute)	a e i o u (y)
Diphthonge (Doppelvokale)	ae au ei eu oe ui
Halbvokale	i/j u/v
Konsonanten (Mitlaute)	b c d f g h (k) l m n p qu r s t v (x) (z)
Doppelkonsonanten	x ist Schriftzeichen für c + s, g + s z ist Schriftzeichen für d + s, t + s

Das Schriftzeichen *k* ist selten *(Kalendae; Karthāgō)*.
Die Schriftzeichen *j* und *w* gibt es im Lateinischen nicht.
Die Laute *y* und *z* kommen nur in griechischen Fremdwörtern vor.

§ 2   Aussprache

Lange und kurze Vokale müssen deutlich unterschieden werden:
vīlla (Nom.) und *vīllā* (Abl.); *māne (früh)* und *manē (bleib!)*. Vor -*nf*- und -*ns*- sind alle Vokale lang: *īnferre, īnsula.*

c   wird immer wie *k* gesprochen: *Cicerō*

i   wird vor Vokal in derselben Silbe oder zwischen Vokalen wie *j* gesprochen: *iam, Pompēius*; aber *nātiō*.

    ie wird immer getrennt gesprochen: *audi-et*.

s   wird immer stimmlos gesprochen; *st* wird *s-t*, nicht *sch-t*, sch wird *s-ch*, nicht *sch* gesprochen *(s-chola)*.

u   wird manchmal wie *w* gesprochen: *equus, lingua, suādēre*.

v   wird wie *w* gesprochen: *vīlla*.

Doppelkonsonanten werden hörbar gesprochen: *er-rat*; anders *e-rat*.

§ 3   Silbenlänge (Quantität)

Eine Silbe ist lang oder kurz. Sie ist immer dann lang, wenn

– sie einen langen Vokal oder einen Diphthong enthält: Naturlänge

    z.B. Rōma, Rōmā, Rōmānō, Caesarem, laudat;

– sie nach einem kurzen Vokal mit einem Konsonanten schließt und die folgende Silbe mit einem (oder zwei) Konsonanten beginnt: Positionslänge
z. B. fĕnĕs-tră, vīc-tŏr.

§ 4   Betonung

In zweisilbigen Wörtern wird die vorletzte Silbe betont.

In drei- oder mehrsilbigen Wörtern wird die vorletzte Silbe dann betont, wenn sie lang ist,

z. B. Rōmānō, fenẹstra, agēbat, perficiụntur,

wenn sie kurz ist, die drittletzte Silbe,

z. B. īnsula, ạgitur, perfịcitur, pẹrficī.

Endbetonung gibt es nicht.

§ 5   Klein- und Großschreibung

Lateinische Wörter werden kleingeschrieben. Nur Wörter am Satzanfang sowie Eigennamen und Adjektive, die von Eigennamen abgeleitet sind, werden großgeschrieben,

z. B. Rōma, Rōmānus; Sulla, Sullānus.

§ 6   Abschwächung

Ursprünglich voll tönende Vokale haben sich in Mittel- und Endsilben in schwächer tönende verwandelt:

e aus	a	imperāre	vgl.	parāre		i aus	a	Iuppiter	pater
	i	capere		capiō			e	colligere	legere
								mīlitis	mīles
u aus	e	pulsus		pellere			o	ōrdinis	ōrdō
	o	amīcus		*amīcos					
		pūnīre		poena					

§ 7   Rhotazismus

Ein *r* zwischen Vokalen kann aus *s* entstanden sein. (Das griechische *r* heißt *rho*.)

dēlēre	aus	*dēlēse	vgl.	esse
erat	aus	*esat	vgl.	est
corporis	aus	*corposis	vgl.	corpus

Wörter

§ 8 Wortarten

Wortart	Deutsch	Latein
Nomen		
Artikel bestimmt	der Wald, die Wiese, das Wandern	(fehlt)
unbestimmt	ein Mann, eine Biegung, ein Pferd	(fehlt)
Substantiv	Bauer, Wiese, Wandern	agricola, campus, migrātiō
Adjektiv	groß, krank	magnus, aegrōtus
Pronomen	ich, dein, dieser, wer?	egō, tuus, is, quis?
Numerale	drei, zehnter	trēs, decimus
Verb		
finit	läuft, besuchtest	currit, vīsitābās
Infinitiv	laufen, besucht haben	currere, vīsitāvisse
Partizip	gelobt, laufenden	laudātus, currentem
Kopula (Hilfsverb)	ist, warst	est, erās
Unveränderliche Wörter		
Adverb	oft, gern	saepe, libenter
Negation	nicht	nōn
Präposition	wegen, in, anstatt	propter, in, prō
Konjunktion	und, oder, also	et, aut, igitur

Subjunktion =
  Konjunktion im
  Gliedsatz
	weil, nachdem, obwohl	quod, postquam, quamquam

Interjektion	oh, ach, bitte	ō, vae, sīs

Nomen

§ 9   Kasūs

Kasus	Dt. Bezeichnung	Die wichtigsten Hilfsfragen
Nominativ	Wer-Fall	Wer oder was? Was ist das Subjekt?
Genitiv	Wes-Fall	Wessen?
Dativ	Wem-Fall	Wem? Für wen? Wozu?
Akkusativ	Wen-Fall	Wen oder was? Wohin? Wie lange?
Ablativ		Womit, wodurch? Wo? Woher? Wann?
Vokativ	(Anrede-Fall)	

Das Lateinische hat mehr Kasūs (Fälle) als das Deutsche.

Ein Nomen zu deklinieren bedeutet, verschiedene Kasūs zu bilden.

§ 10   Numerus

Man unterscheidet zwei Numeri:

Singular (Einzahl)	Plural (Mehrzahl)

Ein Substantiv, das es nur im Plural gibt, heißt Plurale tantum („Nurpluralwort") – z. B.

| īnsidiae | der Hinterhalt |
| rēs secundae | das Glück. |

Ein Demonstrativ- oder Relativpronomen im Plural Neutrum mit allgemeiner Bedeutung übersetzt man mit dem verallgemeinernden Singular – ebenso Adjektive im Plural Neutrum (alle diese Wörter stehen substantivisch, also ohne Beziehungswort).

Haec et alia narrantur.	Dies und anderes wird erzählt.
Ea, quae dīxistī, nōn intellegō.	Das, was du gesagt hast, verstehe ich nicht.
multa et bona	viel Gutes.

10

§ 11   Genus

A   Man unterscheidet drei Genera (Geschlechter):

maskulin	feminin	neutrum
männlich	weiblich	sächlich

Zur konsonantischen und zur gemischten Deklination gehören Substantive
aller drei Genera. In den vokalischen Deklinationen überwiegen bestimmte
Genera (immer mit Ausnahmen!):

Deklination	Ausgang	Überwiegendes Genus	Beispiel	
a-	-a	feminin	porta aperta	die offene Tür
o-	-us	maskulin	dominus sevērus	der strenge Herr
	-er	maskulin	puer parvus	der kleine Junge
	-um	neutrum	templum novum	der neue Tempel
e-	-ēs	feminin	rēs magna	die große Sache
			Ausnahme:	
			diēs fēstus m.	der Festtag
i-	-is	feminin	turris alta	der hohe Turm
	ohne -s	neutrum	mare saevum	das wilde Meer
u-	-us	maskulin	portus proximus	der nächste Hafen
			Ausnahmen:	
			manus dextra f.	die rechte Hand
			domus aurea f.	das goldene Haus
	-ū	neutrum	cornū ācre	das spitze Horn

B   Natürliches Geschlecht: Männliche Personen werden durch maskuline
Substantive bezeichnet, weibliche durch feminine (z.B. *nauta m. Seemann*
trotz a-Deklination).

Die Namen der Flüsse sind maskulin wegen der Flussgötter, die Namen
der Bäume feminin wegen der Baumgöttinnen (z.B. *Tiberis m. der Tiber*;
quercus f. die Eiche). – Die Namen vieler Länder, Inseln, Orte sind feminin
(z.B. *Aegyptus f.*; *Dēlus f.*; *Rōma f.*).

11

§ 12   Formbestimmung („Kennkarte") von Nomina

Form	Kasus	Numerus	Genus	Nominativ	Übersetzung
hortum	Akk.	Sg.	m.	zu hortus	den Garten
pulchrae	1. Gen.	Sg.	f.	zu pulcher	der schönen <Frau>
	2. Dat.				der schönen <Frau>
	3. Nom.	Pl.			die schönen <Frauen>
	4. Vok.				ihr schönen <Frauen>!
hōrum	1. Gen.	Pl.	m.	zu hic	dieser <Männer>
	2.		n.		dieser <Dinge>

§ 13   Artikel; Possessivpronomen

Im Lateinischen gibt es keinen Artikel. Der Übersetzer entscheidet sich für den bestimmten oder unbestimmten Artikel oder auch für den Verzicht:

Labor saepe nōn placet.
$$\left.\begin{array}{l} \text{Die Arbeit} \\ \text{Eine Arbeit} \\ \text{Arbeit} \end{array}\right\}\text{gefällt oft nicht.}$$

Manchmal muss der Übersetzer das deutsche Possessivpronomen ergänzen, weil das lateinische nur steht, wenn es betont ist.

Valeria vocat, ancilla venit.   Valeria ruft und ihre Sklavin kommt.

Amīcōs adiuvāmus.   Wir helfen unseren Freunden.

§ 14   Kongruenz

A   Kongruenz bedeutet, dass zwei oder mehr zusammengehörende Wörter eines Satzes übereinstimmende grammatische Bestimmungen haben.

B   SP-Kongruenz: Subjekt und Prädikat kongruieren im Numerus:

Syrus labōrat, līberī lūdunt.   Syrus arbeitet, die Kinder spielen.

Etiam Lūcia et Cornēlia adsunt.   Auch Lucia und Cornelia sind da.

C Auch neben einem Subjekt im Singular kann das Prädikat im Plural stehen, wenn tatsächlich eine Mehrzahl gemeint ist (Satzbau nach dem Sinn: constructio ad sensum).

Magna pars puerōrum laudātī sunt. Ein großer Teil der Jungen wurde gelobt.

D KNG-Kongruenz: Adjektive und Pronomina kongruieren mit ihrem Beziehungswort in Kasus, Numerus, Genus (KNG).

Amīcus certus in rē incertā cernitur. Einen treuen Freund erkennt man in einer kritischen Situation.

Mārcus et Lūcius laetī sunt. Markus und Lucius sind fröhlich.

Servī huius virī eō tempore in illā silvā labōrābant. Die Sklaven dieses Mannes arbeiteten zu dieser Zeit in jenem Wald.

E Ein Pronomen als Subjekt kongruiert mit dem Prädikatsnomen in KNG. Im Deutschen steht jedoch das Demonstrativpronomen in diesem Fall meist im Neutrum und das Relativpronomen richtet sich nach seinem Beziehungswort.

Hae / Istae sunt meae sorōrēs. Dies / Das sind meine Schwestern.

Athēnae, quod est caput Graeciae … Athen, das die Hauptstadt Griechenlands ist …

F Ein Possessivpronomen kongruiert mit dem Bezichungswort wie ein Adjektiv in KNG (also grammatisch; sein Numerus und Genus bezeichnen nicht den Besitzer!).

Puellae equum suum vocant. Die Mädchen rufen ihr Pferd.

Mārcus columbās suās vocat. Markus ruft seine Tauben.

G NG-Kongruenz: Ein Relativpronomen kongruiert mit seinem Beziehungswort („über das Komma weg") nur in Numerus und Genus; sein Kasus wird vom Relativsatz bestimmt. NG-Kongruenz findet sich auch bei anderen (nichtattributiven) Pronomina.

Vir, cui nōn sunt amīcī, ā quibus adiuvātur, vincitur. Ein Mann, der keine Freunde hat, von denen er unterstützt wird, (wird besiegt) unterliegt.

Herī sorōrēs vīsitāvī eāsque in eārum hortō adiūvī. Gestern habe ich meine Schwestern besucht und ihnen in ihrem Garten geholfen.

13

Deklinationstabellen §§ 15–24

§ 15   a-Deklination, o-Deklination: Substantive

	a-Dekl.	o-Dekl.		
	fem.	mask.		neutr.
Sg. Nom.	port-a	hort-us	puer	templ-um
Gen.	port-ae	hort-ī	puer-ī	templ-ī
Dat.	port-ae	hort-ō	puer-ō	templ-ō
Akk.	port-am	hort-um	puer-um	templ-um
Abl.	port-ā	hort-ō	puer-ō	templ-ō
Pl. Nom.	port-ae	hort-ī	puer-ī	templ-a
Gen.	port-ārum	hort-ōrum	puer-ōrum	templ-ōrum
Dat.	port-īs	hort-īs	puer-īs	templ-īs
Akk.	port-ās	hort-ōs	puer-ōs	templ-a
Abl.	port-īs	hort-īs	puer-īs	templ-īs

Der Vokativ Sg. der Wörter auf -us hat das Kennzeichen -e (jedoch -ī statt -ie):
Mārce; *Gāī*. Sonst gilt in allen Deklinationen: Vokativ = Nominativ.

§ 16   a- und o-Deklination: Adjektive

	mask.	fem.	neutr.
Sg. Nom.	nov-us	nov-a	nov-um
Gen.	nov-ī	nov-ae	nov-ī
Dat.	nov-ō	nov-ae	nov-ō
Akk.	nov-um	nov-am	nov-um
Abl.	nov-ō	nov-ā	nov-ō
Pl. Nom.	nov-ī	nov-ae	nov-a
Gen.	nov-ōrum	nov-ārum	nov-ōrum
Dat.	nov-īs	nov-īs	nov-īs
Akk.	nov-ōs	nov-ās	nov-a
Abl.	nov-īs	nov-īs	nov-īs

	mask.	fem.	neutr.
Sg. Nom.	pulcher	pulchr-a	pulchr-um
Gen.	pulchr-ī	pulchr-ae	pulchr-ī
Dat.	pulchr-ō	pulchr-ae	pulchr-ō
Akk.	pulchr-um	pulchr-am	pulchr-um
Abl.	pulchr-ō	pulchr-ā	pulchr-ō
Pl. Nom.	pulchr-ī	pulchr-ae	pulchr-a
Gen.	pulchr-ōrum	pulchr-ārum	pulchr-ōrum
Dat.	pulchr-īs	pulchr-īs	pulchr-īs
Akk.	pulchr-ōs	pulchr-ās	pulchr-a
Abl.	pulchr-īs	pulchr-īs	pulchr-īs

§ 17 e-, u-, i-Deklination: Substantive

	e Dekl.	u-Dekl.		i-Dekl.	
	fem.	mask.	neutr.	fem.	neutr.
Sg. Nom.	rē-s	port-us	corn-ū	turr-is	mar-e
Gen.	re-ī	port-ūs	corn-ūs	turr-is	mar-is
Dat.	re-ī	port-uī	corn-ū/-uī	turr-ī	mar-ī
Akk.	re-m	port-um	corn-ū	turr-im	mar-e
Abl.	rē	port-ū	corn-ū	turr-ī	mar-ī
Pl. Nom.	rē-s	port-ūs	corn-ua	turr-ēs	mar-ia
Gen.	rē-rum	port-uum	corn-uum	turr-ium	mar-ium
Dat.	rē-bus	port-ibus	corn-ibus	turr-ibus	mar-ibus
Akk.	rē-s	port-ūs	corn-ua	turr-īs/-ēs	mar-ia
Abl.	rē-bus	port-ibus	corn-ibus	turr-ibus	mar-ibus

§ 18   i-Deklination: Adjektive

	mask.	fem.	neutr.
3-endige Adjektive			
Sg. Nom.	ācer	ācr-is	ācr-e
Gen.		ācr-is	
Dat.		ācr-ī	
Akk.	ācr-em	ācr-em	ācr-e
Abl.		ācr-ī	
Pl. Nom.	ācr-ēs	ācr-ēs	ācr-ia
Gen.		ācr-ium	
Dat.		ācr-ibus	
Akk.	ācr-ēs/-īs	ācr-ēs/-īs	ācr-ia
Abl.		ācr-ibus	
2-endige Adjektive			
Sg. Nom.	brev-is	brev-is	brev-e
Gen.		brev-is	
Dat.		brev-ī	
Akk.	brev-em	brev-em	brev-e
Abl.		brev-ī	
Pl. Nom.	brev-ēs	brev-ēs	brev-ia
Gen.		brev-ium	
Dat.		brev-ibus	
Akk.	brev-ēs/-īs	brev-ēs/-īs	brev-ia
Abl.		brev-ibus	
1-endige Adjektive			
Sg. Nom.		vehemēns	
Gen.		vehement-is	
Dat.		vehement-ī	
Akk.	vehement-em	vehement-em	vehemēns
Abl.		vehement-ī	
Pl. Nom.	vehement-ēs	vehement-ēs	vehement-ia
Gen.		vehement-ium	
Dat.		vehement-ibus	
Akk.	vehement-ēs/-īs	vehement-ēs/-īs	vehement-ia
Abl.		vehement-ibus	

§ 19 Konsonantische Deklination: Substantive

Sg. Nom.	labor m.	mīles m.	lēx f.	nōmen n.	tempus n.
Gen.	labōr-is	mīlit-is	lēg-is	nōmin-is	tempor-is
Dat.	labōr-ī	mīlit-ī	lēg-ī	nōmin-ī	tempor-ī
Akk.	labōr-em	mīlit-em	lēg-em	nōmen	tempus
Abl.	labōr-e	mīlit-e	lēg-e	nōmin-e	tempor-e
Pl. Nom.	labōr-ēs	mīlit-ēs	lēg-ēs	nōmin-a	tempor-a
Gen.	labōr-um	mīlit-um	lēg-um	nōmin-um	tempor-um
Dat.	labōr-ibus	mīlit-ibus	lēg-ibus	nōmin-ibus	tempor-ibus
Akk.	labōr-ēs	mīlit-ēs	lēg-ēs	nōmin-a	tempor-a
Abl.	labōr-ibus	mīlit-ibus	lēg-ibus	nōmin-ibus	tempor-ibus

§ 20 Konsonantische Deklination: Adjektive

	mask.	fem.	neutr.
Sg. Nom.		dīves	
Gen.		dīvit-is	
Dat.		dīvit-ī	
Akk.	dīvit-em	dīvit-em	dīves
Abl.		dīvit-e	
Pl. Nom.	dīvit-ēs	dīvit-ēs	dīvit-a
Gen.		dīvit-um	
Dat.		dīvit-ibus	
Akk.	dīvit-ēs	dīvit-ēs	dīvit-a
Abl.		dīvit-ibus	

§ 21 Konsonantische Deklination: Komparative

	mask.	fem.	neutr.
Sg. Nom.	māior	māior	māius
Gen.		māiōr-is	
Dat.		māiōr-ī	
Akk.	māiōr-em	māiōr-em	māius
Abl.		māiōr-e	
Pl. Nom.	māiōr-ēs	māiōr-ēs	māiōr-a
Gen.		māiōr-um	
Dat.		māiōr-ibus	
Akk.	māiōr-ēs	māiōr-ēs	māiōr-a
Abl.		māiōr-ibus	

17

§ 22　Gemischte Deklination: Substantive

Sg. Nom.	cīv-is	m.	urb-s	f.
Gen.	cīv-is		urb-is	
Dat.	cīv-ī		urb-ī	
Akk.	cīv-em		urb-em	
Abl.	cīv-e		urb-e	
Pl. Nom.	cīv-ēs		urb-ēs	
Gen.	cīv-ium		urb-ium	
Dat.	cīv-ibus		urb-ibus	
Akk.	cīv-ēs/-īs		urb-ēs/-īs	
Abl.	cīv-ibus		urb-ibus	

§ 23　Gemischte Deklination: PPA (Partizip Präsens Aktiv)

	mask.	fem.	neutr.
Sg. Nom.		laudāns	
Gen.		laudant-is	
Dat.		laudant-ī	
Akk.	laudant-em	laudant-em	laudāns
Abl.		laudant-e/-ī	
Pl. Nom.	laudant-ēs	laudant-ēs	laudant-ia
Gen.		laudant-ium	
Dat.		laudant-ibus	
Akk.	laudant-ēs/-īs	laudant-ēs/-īs	laudant-ia
Abl.		laudant-ibus	

§ 24 Übersicht über die Deklinationen

	a-Dekl. f.	o-Deklination (hortus m.)	o-Deklination (templum n.)	e-Dekl. f.	u-Dekl. (portus m.)	i-Dekl. (turris f.)	gem. Dekl. (urbs f.)	konsonantische Deklination (labor m.)	konsonantische Deklination (tempus n.)
Sg. Nom.	porta	hortus	templum	rēs	portus	turris	urbs	labor	tempus
Gen.	portae	hortī	templī	reī	portūs	turris	urbis	labōris	temporis
Dat.	portae	hortō	templō	reī	portuī	turrī	urbī	labōrī	temporī
Akk.	portam	hortum	templum	rem	portum	turrim	urbem	labōrem	tempus
Abl.	portā	hortō	templō	rē	portū	turrī	urbe	labōre	tempore
Pl. Nom.	portae	hortī	templa	rēs	portūs	turrēs	urbēs	labōrēs	tempora
Gen.	portārum	hortōrum	templōrum	rērum	portuum	turrium	urbium	labōrum	temporum
Dat.	portīs	hortīs	templīs	rēbus	portibus	turribus	urbibus	labōribus	temporibus
Akk.	portās	hortōs	templa	rēs	portūs	turrēs	urbēs	labōrēs	tempora
Abl.	portīs	hortīs	templīs	rēbus	portibus	turribus	urbibus	labōribus	temporibus

Kasus, Kasusfunktionen   §§ 25–30

Der Kasus zeigt an, welche Funktion (Aufgabe) das Wort als Satzglied im
Satz hat oder auch welches Verhältnis das Wort zu den Nachbarwörtern hat.
Eine Kasusfunktion kann man allgemein beschreiben, jedoch nicht immer
Eindeutigkeit und strenge Trennung erreichen. Die Präpositionen beim Ak-
kusativ und Ablativ verdeutlichen die Funktion dieser Kasus.

§ 25   Nominativ

Im Nominativ stehen das Subjekt   *Wer handelt?*
                                           Was geschieht?
und das Prädikatsnomen   *Was ist mit dem Subjekt?*

(sowie die Attribute und Prädikativa, die zum Subjekt oder zum Prädikatsnomen gehören).

Gāius imperat, servī pārent.   Gajus befiehlt, seine Sklaven gehorchen.
Mārcus et Lūcius bonī amīcī sunt.   Markus und Lucius sind gute Freunde.

§ 26   Vokativ

Im Vokativ steht die Anrede.

Cūr domī es, Mārce?   Warum bist du zu Hause, Markus?
Lūdite nōbīscum, puellae.   Spielt mit uns, ihr Mädchen!

§ 27   Genitiv

A   Allgemein ist der Genitiv der Kasus der Zugehörigkeit bzw. des Be-
reichs.

B   Genitivus possessivus   *Wessen?*

Er gibt den Besitzer an. (Er steht als Attribut oder als Prädikatsnomen.)

Casa agricolae parva est.   Die Hütte des Bauern ist klein.
Ista casa est agricolae.   Die Hütte da ist <Eigentum> des Bauern.

Er bezeichnet auch den Träger einer Pflicht oder Eigenschaft.

Patris est fīliō adesse.   (Es gehört zu einem Vater,) Es ist die
                                           Pflicht eines Vaters, seinem Sohn
                                           beizustehen.

20

Sapientiae est paucīs contentum esse.	(Es gehört zur Klugheit,) Es ist eine Eigenschaft der Klugheit, / Es ist ein Zeichen von Klugheit, mit wenigem zufrieden zu sein.

C **Genitivus partitivus**   *Wovon?*
Von welchem Ganzen?

Er bezeichnet das Ganze, sein Beziehungswort einen Teil. In der Übersetzung entfällt die Genitivendung meist.

multī Rōmānōrum	viele (der) Römer / viele von den Römern
nihil novī	nichts an Neuem / nichts Neues

D **Genitivus qualitatis**   *Von welcher Eigenschaft?*
Wie beschaffen?

Er gibt eine Eigenschaft an. (Er steht als Attribut oder als Prädikatsnomen.) In der Übersetzung steht ein *von* oder ein Adjektiv.

Herculēs magnī rōboris erat.	Herkules (war von großer Kraft) hatte große Kraft / war sehr stark.
vir magnae sapientiae	ein Mann von großer Weisheit / ein sehr weiser Mann

E **Genitivus subiectivus – Genitivus obiectivus**

Neben einem Substantiv, das ein Handeln oder ein Gefühl bezeichnet, gibt der Genitiv das Subjekt oder das Objekt an. Der Gen. obiect. wird oft mit einer Präposition übersetzt.

Wer handelt eigentlich?
Auf wen richtet sich die Handlung eigentlich?

Genitivus subiectivus

Timor sociōrum dēsiit.	Die Furcht der Gefährten hörte auf.

Genitivus obiectivus

Timor Polyphēmī animōs sociōrum frēgit.	Die Furcht vor Polyphem ließ den Mut der Gefährten sinken.

F **Genitivus pretii**   *Von welchem Wert?*
Wie viel wert?

Er gibt den Wert an.

Plūrimī est audācia.	Kühnheit ist am meisten wert.
Eius auctōritās magnī habēbātur.	Sein Ansehen galt viel.

21

G   Genitivus definitivus (explicativus)   *Was ist eigentlich gemeint?*

Er gibt an, was mit seinem Beziehungswort gemeint ist (Definition des Begriffsinhalts).
In der Übersetzung entfällt die Genitivendung meist.

Amīcī Caesarī nōmen rēgis offerēbant.   Die Freunde boten Caesar den Titel
                                           „König" / den Königstitel an.

H   Genitivobjekt

Einige Verben haben ein Genitivobjekt.

Mortuōrum nōn oblīvīscimur.   Die Toten vergessen wir nicht.
Tē prōditiōnis accūsō.   Ich klage dich wegen Verrats an.

I   Oft führt ein Genitiv in der Übersetzung zu einem zusammengesetzten
Substantiv (Kompositum):

casa agricolae	Bauernhütte	clāmor līberōrum	Kindergeschrei
nōmen rēgis	Königstitel	timor bellī	Kriegsangst

§ 28 Dativ

A   Der Dativ gibt oft die beteiligte Person oder einen Zweck an.

B   Dativus commodi   *Wem? Für wen?*

Er zeigt an, wer von der Handlung einen Vorteil (oder Nachteil) hat oder
wem die Handlung gilt. Oft steht er als Dativobjekt.

Equō cibum dō.   Ich gebe dem Pferd Futter.
Id mihi iūcundum nōn est.   Das ist mir / für mich nicht angenehm.

C   Dativus auctoris   *(Von wem muss das getan werden?) Wer*
                                  muss das tun?

Neben einer nd-Form gibt er die Person an, die handeln muss oder nicht handeln darf.

Portus nōbīs capiendus est.   Wir müssen einen Hafen anlaufen.
Nāvis mihi nōn est relinquenda.   Ich darf das Schiff nicht verlassen.

D   Dativus possessoris   *Wem gehört es?*

Er bezeichnet den Besitzer.

Mihi equus est.   Mir (ist) gehört ein Pferd. / Ich habe / besitze ein Pferd.

E Dativus finalis *Wozu dient es?*

Er gibt den Zweck oder eine Wirkung an. Meist steht er neben einem weiteren Dativ (Dat. comm. als Dativobjekt): Doppelter Dativ.

Caesarī clēmentia glōriae erat.	Die Milde (diente Caesar zum Ruhm) war Caesars Ruhm.
Id mihi gaudiō est.	Das (dient mir zur Freude) macht mir Spaß.

29 Akkusativ

A Der Akkusativ ist der Richtungskasus.

B Akkusativ als Objekt *Wen oder was?*

Er gibt die Richtung der Handlung an.

Domina ancillam laudat.	Die Herrin lobt ihre Sklavin (richtet ihr Lob auf die Sklavin).

Doppelter Akkusativ *Wofür? Wozu?*

Neben dem Akkusativobjekt steht bei einigen Verben ein zweiter (prädikativer) Akkusativ.

Tē amīcum putō.	Ich halte dich für einen Freund.
Cicerōnem cōnsulem creant.	Sie wählen Cicero zum Konsul.

C Akkusativ der Richtung *Wohin? Wie weit? Wie lange?*

Ancilla in hortum currit.	Die Sklavin läuft in den Garten.
Gāius ūnam hōram ambulat.	Gajus geht eine Stunde (lang) spazieren.

D Akkusativ als Subjekt *(Wer oder was?)*

In einem aci steht das Subjekt im Akkusativ.

Mārcus servum venīre audit.	Markus hört, dass der Sklave kommt. / Markus hört den Sklaven kommen.

§ 30   Ablativ

A   Der Ablativ steht meist als abverbiale Bestimmung. Er gibt also die Umstände des Geschehens an – den Ort und die Zeit, das Mittel (Instrument), den Ausgangspunkt usw.

B   Ablativus locativus   *Wo?*

Er bezeichnet den Ort des Geschehens.

Amīcī sub arboribus iacent.	Die Freunde liegen unter den Bäumen.
Athēnīs	in Athen
eō locō	an dem Platz; dort

C   Ablativus temporalis   *Wann?*

Er bezeichnet die Zeit des Geschehens.

Servī merīdiē nōn labōrant.	Die Sklaven arbeiten am Mittag / mittags nicht.
eō tempore	zu der Zeit; damals

D   Ablativus instrumentalis   *Womit? Wodurch?*

Er gibt das Werkzeug oder allgemein das Mittel der Handlung an.

Domina familiam cēnā bonā dēlectat.	Die Herrin erfreut ihre Familie mit einem guten Essen.

E   Ablativus sociativus   *Mit wem?*
       Ablativus modalis   *Wie? Auf welche Art und Weise?*

Der Ablativ heißt *sociativus*, wenn er eine begleitende Person bezeichnet, hingegen *modalis*, wenn er einen begleitenden Umstand angibt.

Mārcus cum amīcīs lūdit.	Markus spielt mit seinen Freunden.
Puerī magnā (cum) laetitiā per hortum currunt.	Die Jungen laufen mit viel Vergnügen im Garten umher.
ōtium cum dīgnitāte	Muße (mit) in Würde

F   Ablativus separativus   *Woher? Von wo aus?*
                                              Wovon getrennt?

Er gibt das an, wovon die Handlung wegführt.

Amīcī ē vīllā currunt.	Die Freunde laufen aus dem Haus.
Athēnīs	aus Athen
metū līberāre	von der Furcht befreien

24

G Ablativus comparationis *(Von wo aus gesehen?)*
Als wer oder was?

Er nennt neben einem Komparativ die verglichene Person oder Sache (von der aus gesehen der Vergleich stattfindet). In der Übersetzung steht ein *als*.

Nēmō fuit tē miserior.   Niemand war unglücklicher als du.

H Ablativus mensurae *Um wie viel?*

Er gibt neben einem Komparativ an, wie groß die Steigerung ist.

Mārcus paulō celerior fuit.   Markus war (um) ein bisschen schneller.

I Ablativus limitationis *In Hinsicht worauf?*
In welchem Bereich?

Er grenzt die Aussage auf eine bestimmte Hinsicht, einen bestimmten Bereich ein.

Rēx fuit claudus alterō pede.   Der König war auf dem einen Fuß lahm.

K Ablativus qualitatis *Von welcher Eigenschaft?*
Was für ein?

Er bezeichnet eine Eigenschaft. (Er steht als Attribut oder als Prädikatsnomen.) In der Übersetzung steht ein *von* oder ein Adjektiv.

Tiberius erat vultū honestō.   Tiberius (war von würdiger Miene) hatte eine würdige Miene / sah würdig aus.

vir magnā sapientiā   ein Mann von großer Weisheit / ein sehr weiser Mann.

L Ablativ im AmP *(Wer oder was?)*

In einem AmP steht der Ablativ (eines Substantivs oder eines Pronomens) als Subjekt, das Partizip im Ablativ als Prädikat (§ 102).

Hīs rēbus gestīs Caesar profectus est.   Nachdem diese Dinge erledigt waren, brach Caesar auf.

M Ablativobjekt

Einige Verben haben ein Ablativobjekt.

Saepe currū, interdum nāve ūtimur.   Oft benutzen wir einen Wagen, manchmal ein Schiff.

25

§ 31   Adjektiv

Die meisten Adjektive gehören zur o-/a- und i-Deklination, nur wenige zur konsonantischen (darunter alle Komparative). – Man unterscheidet drei-endige, zwei-endige und ein-endige Adjektive – nach der Zahl der Endungen im Nom. Sg. Die Adjektive der o-/a-Deklination (auch alle Superlative) sind drei-endig; alle Komparative sind zwei-endig.

	maskulin	feminin	neutrum
3-endig	grātus	grāta	grātum
	pulcher	pulchra	pulchrum
	ācer	ācris	ācre
	vehementissimus	vehementissima	vehementissimum
2-endig	brevis	brevis	breve
	pulchrior	pulchrior	pulchrius
1-endig	vehemēns	vehemēns	vehemēns

§ 32   Komparation der Adjektive

Man unterscheidet bei der Komparation (Vergleich; oft Steigerung genannt) drei Stufen:

Stufe	Erläuterung	Beispiel
Positiv	Grundstufe (ohne Vergleich)	miser unglücklich
Komparativ	Vergleichsstufe	miserior unglücklicher
Superlativ	Höchststufe (von allen)	miserrimus unglücklichster

Kennzeichen der Vergleichsstufen

	maskulin	feminin	neutrum
Komparativ	-ior	-ior	-ius
Superlativ	-is-simus -er-rimus -il-limus	-is-sima -er-rima -il-lima	-is-simum -er-rimum -il-limum

33 Komparation mit Stammwechsel

Positiv	Komparativ	Superlativ

bonus
  gut
malus
  schlecht
	melior, melius
	
	pēior, pēius
		optimus
		
		pessimus

magnus
  groß
parvus
  klein
	māior, māius
	
	minor, minus
		maximus
		
		minimus

multum
  viel
multī
  viele
	plūs
	  mehr
	plūrēs, plūra
	  mehr;
	  zahlreicher
		plūrimum
		  das meiste
		plūrimī
		  die meisten

Wichtig:

plūrēs puerī   <noch> mehr Jungen; Jungen in <noch> größerer Zahl
complūrēs puerī   mehrere Jungen; einige Jungen
plūrimī puerī   die meisten Jungen; sehr viele Jungen

§ 34   Unvollständige Komparation

Einige Komparative und Superlative sind von Adverbien oder Präpositionen abgeleitet.

Grundform (Adverb oder Präposition)	Komparativ	Superlativ

extrā
  außerhalb
	exterior
	  der Äußere
		extrēmus
		  der Äußerste

intrā
  innerhalb
	interior
	  der Innere
		intimus
		  der Innerste

infrā
  unterhalb
	īnferior
	  1. der Untere
	  2. der Geringere
	  3. der Unterlegene
		īnfimus; īmus
		  der Unterste

suprā
  oberhalb
	superior
	  1. der Obere; der Höhere
	  2. der Frühere
	  3. der Überlegene
		suprēmus
		  der Oberste; der Letzte
		
		summus
		  1. der Höchste
		  2. (prädikativ) oben

citrā
  diesseits
	citerior
	  der Diesseitige	

ultrā
  jenseits
	ulterior
	  der Jenseitige
		ultimus
		  der Äußerste; der Letzte

prae
  vor
	prior
	  1. der Frühere; der Vordere
	  2. (prädikativ) früher
		prīmus
		  1. der Erste
		  2. (prädikativ) als Erster; zuerst

post
  1. (Präp.) nach
  2. (Adv.) später
	posterior
	  1. der Spätere
	  2. (prädikativ) später
		postrēmus
		  1. der Letzte
		  2. (prädikativ) als Letzter; zuletzt

dē
  von herab
	dēterior
	  der Schlechtere
		dēterrimus
		  der Schlechteste

prope
  1. (Präp.) nahe bei
  2. (Adv.) fast
	propior
	  1. der Nähere
	  2. (prädikativ) näher (an etw.)
		proximus
		  der Nächste:
		  1. der Folgende
		  2. der Voraufgegangene

(vgl. potēns
  mächtig; fähig)
	potior
	  der Wichtigere
	
	potius (Adv.)
	  eher; lieber
		potissimus
		  der Wichtigste
		
		potissimum (Adv.)
		  am ehesten; hauptsächlich

▶ 35 Zur Komparation

A Neben einem Komparativ steht die Person oder Sache, mit der verglichen wird, im Ablativ (Abl. comparationis) oder mit *quam*. Man übersetzt mit *als*. Neben einem Superlativ steht das, womit verglichen wird, im Genitiv (Gen. partitivus). Man übersetzt mit *von*.

Nēmō miserior fuit	Niemand war unglücklicher
tē / quam tū	als du
Ulixē / quam Ulixēs.	als Odysseus.
Miserrimus es omnium.	Du bist der unglücklichste von allen / der Allerunglücklichste.

B Bei einem Komparativ gibt der Ablativus mensurae das Ausmaß der Steigerung an (*um wie viel?*).

multō miserior	viel unglücklicher
paulō celerior	etwas schneller

C Ein Komparativ wird durch *etiam* noch weiter gesteigert, ein Superlativ mit *longē weitaus, omnium aller-, vel selbst, quisque gerade* verstärkt, durch *quam möglichst* abgeschwächt.

etiam miserior	noch unglücklicher
longē miserrimus	der weitaus Unglücklichste
omnium miserrimus	der Allerunglücklichste
vel miserrimus	selbst der Unglücklichste
miserrimus quisque	gerade die Unglücklichsten
(Singular!)	(Plural!)
quam celerrimus	möglichst schnell
(Superlativ!)	(Positiv!)

D Ein Komparativ ohne *quam* oder Ablativ (Abl. comparationis) wird oft mit *ziemlich / recht / relativ* oder mit *zu* übersetzt.

miserior	ziemlich unglücklich (= unglücklicher als viele andere)
celerior	zu schnell (= schneller als üblich, als erlaubt)

E Es gibt Superlative, die nur eine hohe, nicht die höchste Stufe bezeichnen. Sie heißen Elative.

verba grātissima	sehr willkommene / äußerst willkommene / hochwillkommene Worte

29

§ 36   Adverb

Adverbien, die von Adjektiven gebildet sind, haben folgende Kennzeichen:

-ē	im Positiv	von Adjektiven der o-/a-Deklination
-ter / -er	im Positiv	von Adjektiven der i-Deklination
-ius	im Komparativ	
-ē	im Superlativ	

Adjektiv	Adverb		
	Positiv	Komparativ	Superlativ
cautus	cautē	cautius	cautissimē
miser	miserē	miserius	miserrimē
celer	celeriter	celerius	celerrimē
fortis	fortiter	fortius	fortissimē
dīligēns	dīligenter	dīligentius	dīligentissimē

wichtig:

bonus	bene	melius	optimē
malus	male	pēius	pessimē
facilis	facile	facilius	facillimē

Pronomina §§ 37–48

Ein Pronomen ist ein Stellvertreter: Statt eine Person oder Sache (nochmals) zu benennen, setzt man ein Pronomen ein.

37 Personalpronomen und Reflexivpronomen

A

Zahl der Personen	1. Person: sprechende Person	2. Person: ange-sprochene Person	3. Person: bespro-chene Person
eine	ich	du	er / sie / es
mehrere	wir	ihr	sie
Sg. Nom.	egō	tū	(nur reflexiv:)
Gen.	meī	tuī	suī
Dat.	mihi	tibi	sibi
Akk.	mē	tē	sē
Abl.	mē	tē	sē
Pl. Nom.	nōs	vōs	(nur reflexiv:)
Gen.	nostrī / nostrum	vestrī / vestrum	suī
Dat.	nōbīs	vōbīs	sibi
Akk.	nōs	vōs	sē
Abl.	nōbīs	vōbīs	sē

B Der Nominativ steht nur bei Betonung:

Nōn egō, sed vōs.   Nicht ich, sondern ihr.

Nur als partitive Genitive erscheinen *nostrum* und *vestrum*; sonst stehen *nostrī* und *vestrī*:

Multī nostrum –   Viele von uns –
sed quis vestrum?   aber wer von euch?
Amor nostrī magnus est.   Die Liebe zu uns ist groß.
Odium vestrī magnum est.   Der Hass auf euch ist groß.

Die Präposition *cum* wird nachgestellt:

mēcum; tēcum; nōbīscum; vōbīscum; sēcum.

Das Personalpronomen der 3. Person ist reflexiv (d.h., es vertritt das Subjekt). Nichtreflexiv steht *is*, aber auch *hic, iste, ille*.

31

§ 38   Zum Reflexivpronomen

A   Das Reflexivpronomen unterscheidet (wie das deutsche *sich*) nicht nach Numerus und Genus:

Sibi quisque vir cōnsuluit et sē ē perīculīs ēripuit.	Jeder Mann sorgte für sich <selbst> und rettete sich aus den Gefahren.
Sibi omnēs mulierēs cōnsuluērunt et sē ē perīculīs ēripuērunt.	Alle Frauen sorgten für sich <selbst> und retteten sich aus den Gefahren.

B   Das Reflexivpronomen ist Stellvertreter des Subjekts. In einem aci vertritt es entweder das Nominativsubjekt des finiten Verbs oder das Akkusativsubjekt des Infinitivs. Die Beziehung ist nicht immer eindeutig:

Mārcus Cornēliam sē in speculō spectāvisse narrat.	Markus erzählt, Cornelia habe sich / ihn im Spiegel betrachtet.

C   In einem Gliedsatz mit dem finalen oder obliquen Konjunktiv vertritt das Reflexivpronomen entweder direkt das Gliedsatzsubjekt oder indirekt („über das Komma weg") das Hauptsatzsubjekt. Auch hier muss die richtige Beziehung aus dem Zusammenhang erschlossen werden.

Rōmānī rēgem monuērunt, ut sibi pārēret et sē suum in rēgnum reciperet.	Die Römer forderten den König auf, er solle ihnen gehorchen und sich in sein eigenes Reich zurückziehen.

D   Das deutsche Reflexivpronomen *sich* ist nur Stellvertreter des Subjekts im selben Satz. Die Stellvertretung für das Subjekt im übergeordneten Satz („über das Komma weg") fällt dem Personalpronomen zu. Vgl. oben *sich*: Cornelia / *ihn*: Markus.

§ 39 Possessivpronomen

A

Zahl der Besitzer	1. Person	2. Person	3. Person		
einer	mein	dein	sein/ihr		
mehrere	unser	euer	ihr		

			nur reflexiv	nicht reflexiv	
			m./f.	m.	f.
einer	meus, mea, meum	tuus, tua, tuum	suus, sua, suum	eius	
mehrere	noster, nostra, nostrum	vester, vestra, vestrum	suus, sua, suum	eōrum	eārum

Substantivierte Formen:

nostrī	unsere <Leute>; die Unsrigen
suī	seine <Leute>; die Seinen; ihre Leute; die Ihrigen
mea	meine <Sachen>; mein Eigentum

B   Das Possessivpronomen ist Stellvertreter des Besitzers. Es bezeichnet aber auch allgemein die Zugehörigkeit oder den Bereich. Seine grammatische Form richtet sich nicht nach dem Besitzer, sondern nach dem Beziehungswort (KNG-Kongruenz des Adjektivs). Man kann also aus Numerus und Genus nicht auf den Besitzer schließen.

Meus pater venit.	Mein Vater kommt. (Das kann auch eine Frau sagen.)
Tuae sorōrēs aegrōtae sunt.	Deine Schwestern sind krank. (Das kann man auch zu einem Jungen sagen.)
Puellae equum suum vocant.	Die Mädchen rufen ihr Pferd.
Mārcus columbās suās vocat.	Markus ruft seine Tauben.

33

Etiam amīcum vestrum invītō.	Auch euern Freund lade ich ein. (Das kann zu Jungen und Mädchen gesagt sein.)
mea patria; tuī inimīcī	meine Heimat; deine Feinde (Zugehörigkeit und Bereich)

C   Das Possessivpronomen der 3. Person *suus* ist reflexiv. Es gibt als Besitzer das Subjekt an. Nichtreflexiv stehen die possessiven Genitive *eius, eōrum, eārum* des Pronomens *is*. Übersetzt werden diese Genitive ebenfalls mit dem deutschen Possessivpronomen.

Pater Cornēliam eiusque amīcās canere audit, carmina eārum laudat.	Der Vater hört Cornelia und ihre Freundinnen singen und findet ihre Lieder gut.
Mārcus librum suum quaerit.	Markus sucht sein Buch. (Das Buch gehört Markus.)
Lūcius librum eius invenit.	Lucius findet sein Buch. (Das Buch gehört Markus.)

§ 40 Demonstrativpronomina

	hic	haec	hoc	iste	ista	istud	ille	illa	illud	is	ea	id
Sg. Nom.	hic	haec	hoc	iste	ista	istud	ille	illa	illud	is	ea	id
Gen.	huius	huius	huius	istīus	istīus	istīus	illīus	illīus	illīus	eius	eius	eius
Dat.	huic	huic	huic	istī	istī	istī	illī	illī	illī	eī	eī	eī
Akk.	hunc	hanc	hoc	istum	istam	istud	illum	illam	illud	eum	eam	id
Abl.	hōc	hāc	hōc	istō	istā	istō	illō	illā	illō	eō	eā	eō
Pl. Nom.	hī	hae	haec	istī	istae	ista	illī	illae	illa	iī (eī)	eae	ea
Gen.	hōrum	hārum	hōrum	istōrum	istārum	istōrum	illōrum	illārum	illōrum	eōrum	eārum	eōrum
Dat.	hīs	hīs	hīs	istīs	istīs	istīs	illīs	illīs	illīs	iīs (eīs)	iīs (eīs)	iīs (eīs)
Akk.	hōs	hās	haec	istōs	istās	ista	illōs	illās	illa	eōs	eās	ea
Abl.	hīs	hīs	hīs	istīs	istīs	istīs	illīs	illīs	illa	iīs (eīs)	iīs (eīs)	iīs (eīs)

§ 41   Demonstrativpronomina: Zuordnung

Die Demonstrativpronomina unterscheiden sich voneinander durch ihre Zuordnung zu den Personen.

Demonstrativpronomen			Zuordnung zur
hic	haec	hoc	1. Person: dieser hier (bei mir / uns) Nähe zum Sprecher
iste	ista	istud	2. Person: der da (bei dir / euch) Nähe zum Angesprochenen
ille	illa	illud	3. Person: jener (der bei ihm / ihnen dort drüben) Nähe zum Besprochenen = Entfernung vom Sprecher

Hī virī cīvēs Rōmānī sunt.	Diese Männer hier (bei mir) sind römische Bürger.
Istī hominēs pūnientur.	Die Männer da (bei dir) werden bestraft werden.
Illī virī rem pūblicam in perīculum addūcunt.	Jene Männer dort (drüben) gefährden den Staat.

Weitere Übersetzungsmöglichkeiten für *hic* und *ille*:

Caesar amīcōs dēfendit hīs verbīs: …	Caesar verteidigte seine Freunde mit den folgenden Worten: …
ista verba	diese deine Worte / deine Worte
in illō librō Sallustī	in dem bekannten Werk des Sallust
Caesar et Catō magnī habēbantur – hic modestiā, ille līberālitāte nōmen sibi parāverat.	Caesar und Cato galten viel – dieser hatte sich durch Bescheidenheit, jener durch Freigebigkeit einen Namen gemacht (dieser: Cato; jener: Caesar).

Iste kann auch ironisch oder verächtlich klingen:

istī philosophī	diese komischen Philosophen

§ 42   is, ea, id: Funktionen

Das Pronomen *is, ea, id* hat mehrere Funktionen.

[A]   demonstrativ

Ea urbs magna est. (adjektivisch)	Diese Stadt ist groß.
Multī id sciunt. (substantivisch)	Viele wissen das / dies.

Oft weist es auf einen Gliedsatz oder aci voraus oder zurück.

Iī, quī habent, iīs, quī nihil habent, adesse dēbent.	Diejenigen, die besitzen, müssen denen, die nichts besitzen, beistehen.
Quae dīxistī, ea nōn intellegō.	Was du gesagt hast, das verstehe ich nicht.
Id nōbīs persuādēre nōn potes, ut dē agrīs cēdāmus.	Dazu kannst du uns nicht überreden, unser Land zu räumen.
Id tibi dīcō Alpēs trānsīrī nōn posse.	Das sage ich dir, dass man die Alpen nicht überqueren kann.

[B]   Personalpronomen der 3. Person (nicht im Nominativ)

Ibī leōnēs sunt: Eōs iam videō.	Dort sind Löwen: Ich sehe sie schon.

[C]   Possessivpronomen der 3. Person (nur im Genitiv)

Pater Cornēliam eiusque amīcās canere audit, carmina eārum laudat.	Der Vater hört Cornelia und ihre Freundinnen singen und findet ihre Lieder gut.

§ 43   Relativpronomen

Sg. Nom.	quī	quae	quod	puer, quī …
Gen.		cuius		der Junge, der …
Dat.		cui		ancilla, quae …
Akk.	quem	quam	quod	die Sklavin, die …
Abl.	quō	quā	quō	dōnum, quod …
Pl. Nom.	quī	quae	quae	das Geschenk, das …
Gen.	quōrum	quārum	quōrum	
Dat.		quibus		
Akk.	quōs	quās	quae	
Abl.		quibus		

Die Präposition *cum* wird nachgestellt:

quōcum; quācum   mit dem; mit der   quibuscum   mit denen

§ 44   Relativsätze

A   Das Relativpronomen stimmt mit seinem Beziehungswort nur im Numerus und im Genus überein: NG-Kongruenz. Der Kasus zeigt an, welches Satzglied das Relativpronomen darstellt. (Beispiele in B)

B   Ein Relativsatz besetzt die Stelle Attribut oder Subjekt / Objekt.

Attributsatz

Amīcus,	Der Freund,
quī mē invītāvit …	der mich eingeladen hat …
cuius pater agricola est …	dessen Vater Bauer ist …
cui multī equī sunt …	dem viele Pferde gehören …
quem vīsitāvī …	den ich besucht habe …
quōcum libenter lūdō …	mit dem ich gerne spiele …

Subjektsatz

Quem dī dīligunt, adulēscēns moritur.	Wen die Götter lieben, stirbt jung.

Objektsatz

Quod fert fortūna, fer!	Was das Schicksal bringt, ertrage!

C   Ein Beziehungswort hinter oder im RS muss in der Übersetzung umgestellt werden.

Quōs invītāvit Syrus, eōs convīvās Gāius nunc ad mēnsam vocat.	Die(jenigen) Gäste, die Syrus eingeladen hat, ruft Gajus jetzt zu Tisch.
Caesar et Catō, quōs virōs Rōmānī colēbant, nōn eadem sentiēbant.	Caesar und Cato, Männer, die die Römer schätzten, hatten nicht dieselben Ansichten.
Eam causam, quae causa genuit cīvitātem, nōn īgnōrō.	Die Ursache, die zur Gründung des Staats geführt hat, kenne ich durchaus.

D   Ein Relativpronomen im aci oder beim Partizip wird mit Parenthese oder Einordnung übersetzt.

Līberī, quōs in hortō lūdere dīxistī, iam abiērunt.	Die Kinder, die – wie du sagtest – im Garten spielten / die nach deinen Worten im Garten spielten, sind schon weggegangen. nur zur Not auch: Die Kinder, von denen du gesagt hast, dass sie im Garten spielten, …

Rhēnus, quem Rōmānī trānsgressī
Albim flūmen petēbant, fīnis Galliae
erat.

Der Rhein, nach dessen Überquerung
die Römer zur Elbe marschierten /
den sie überquert hatten, um zur
Elbe zu marschieren, war die Grenze
Galliens.

§ 45 Relativischer Anschluss

Beim relativischen Anschluss leitet das Relativpronomen einen Hauptsatz
ein. Übersetzung durch Demonstrativpronomen mit passender Konjunktion.

Frātrēs convēnērunt et patrem
interrogāvērunt. Quī nihil respondit.

Die Brüder kamen zusammen und
fragten ihren Vater. Der aber antwortete
nichts.

Pater fīlium virgam frangere iussit.
Quod fīlius sine labōre fēcit.

Der Vater befahl seinem Sohn, den Stab
zu zerbrechen. Und das tat der Sohn ohne
Mühe.

§ 46 Interrogativpronomina und Indefinitpronomina

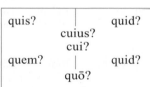

Sg. Nom.	quis?		quid?	aliquis		aliquid
Gen.		cuius?			alicuius	
Dat.		cui?			alicui	
Akk.	quem?		quid?	aliquem		aliquid
Abl.		quō?			aliquō	

B Substantivische Pronomina sind Stellvertreter von Substantiven.
Adjektivische Pronomina sind Stellvertreter von Adjektiven und stehen als
Attribute. Als Beispiele sind hier Interrogativ- und Indefinitpronomina ge-
wählt (adjektivisch werden sie wie das Relativpronomen dekliniert):

Quid apportāvistī?
Dōnum.
Quod dōnum apportāvistī?

Was hast du mitgebracht?
Ein Geschenk.
Was für ein Geschenk hast du mitge-
bracht?

Pulchrum.
Mārcus nihil apportāvit.
Ā Mārcō nūllum dōnum recēpī.

Ein schönes.
Markus hat nichts mitgebracht.
Von Markus habe ich kein Geschenk be-
kommen.

C　Indefinitpronomina

aliquis / quis ⎫　　　　　　　　　irgendein; ein beliebiger
quisquam / ūllus ⎭

quīdam　　　　　　　　　　　　　ein bestimmter; ein gewisser; ein
quisque　　　　　　　　　　　　　jeder (einzeln)
nēmō / nūllus　　　　　　　　　　niemand / kein
nihil / nūllum　　　　　　　　　　nichts / kein
aliquī vir　　　　　　　　　　　　irgendein Mann
aliqua(e) mulier　　　　　　　　　irgendeine Frau
aliquod dōnum　　　　　　　　　　irgendein Geschenk
aliquī mīlitēs　　　　　　　　　　einige Soldaten
iūstissimus quisque　　　　　　　gerade die Gerechtesten; alle Gerechten
nēmō nisī imperātor　　　　　　　nur der Feldherr (niemand, wenn nicht der
　　　　　　　　　　　　　　　　Feldherr)
Nihil dīxit nisī hoc.　　　　　　Er sagte nur dies.

§ 47　Identitätspronomina

Ein Identitätspronomen bekräftigt und bestätigt die Gleichheit – im Sinne
eines „selbst und kein anderer" oder eines „derselbe / dasselbe wie ein ande-
rer/anderes".

Sg. Nom.	ipse	ipsa	ipsum	īdem	eadem	idem
Gen.		ipsīus			eiusdem	
Dat.		ipsī			eīdem	
Akk.	ipsum	ipsam	ipsum	eundem	eandem	idem
Abl.	ipsō	ipsā	ipsō	eōdem	eādem	eōdem
Pl. Nom.	ipsī	ipsae	ipsa	iīdem	eaedem	eadem
Gen.	ipsōrum	ipsārum	ipsōrum	eōrundem	eārundem	eōrundem
Dat.		ipsīs			eīsdem / iīsdem	
Akk.	ipsōs	ipsās	ipsa	eōsdem	eāsdem	eadem
Abl.		ipsīs			eīsdem / iīsdem	

ipse　　　　　　　　　　　　　　selbst; persönlich
id ipsum　　　　　　　　　　　　eben dies; gerade dies
in ipsā rīpā　　　　　　　　　　　unmittelbar / direkt am Ufer

īdem　　　　　　　　　　　　　　derselbe
idem atque egō ⎫
idem, quod egō ⎭　　　　　　　　dasselbe wie ich

vgl. alius atque　　　　　　　　　ein anderer als

§ 48 Pronominaladjektive

ūnus	ein Einziger; nur einer		uter?	wer? welcher?
sōlus	allein		alter	der eine / der andere
tōtus	ganz		neuter	keiner
ūllus	(irgend)ein		nūllus	keiner
			alius	ein anderer

Wichtig: Gen. Sg. -īus. z.B. tōtīus; ūllīus
       Dat. Sg. -ī sōlī; utrīque

sermōnēs utrīusque linguae Gespräche in beiden Sprachen (z.B. in Griechisch und in Latein)

sōlī deō glōria allein Gott die Ehre!

§ 49 Fragesätze

Eine Frage wird durch ein Fragewort eingeleitet. Ein Fragepronomen oder ein Frageadverb ist der Stellvertreter des antwortenden Worts. Die Fragepartikeln *nōnne* und *num* drücken aus, dass der Frager eine bestimmte Antwort – ja oder nein – erwartet. Die angehängte Fragepartikel *-ne* enthält eine solche Erwartung nicht.

Beispiele:

Fragepronomen (Interrogativpronomen)

Quis tē ad lūdum vocāvit? Wer hat dich zum Spielen gerufen?
– Mārcus. Markus.

Frageadverb

Ubī lūsistis? Wo habt ihr gespielt?
– In silvā. – Im Wald.

Fragepartikel

Nōnne vēnātōrēs vīdistis? Habt ihr nicht die Jäger gesehen?
– Vīdimus. – Ja. / Doch.
Num etiam arborēs cōnscendistis? Habt ihr etwa auch Bäume bestiegen?
– Nōn cōnscendimus. – Nein.
Cornēliane vōbīscum fuit? War Cornelia bei euch? (Ich weiß es nicht.)

– Fuit. / Nōn fuit. – Ja. / Nein.

§ 50   Zahlwort

Ziffern		Kardinalzahlen	Ordinalzahlen
1	I	ūnus, ūna, ūnum	prīmus (prior)
2	II	duo, duae, duo	secundus (alter)
3	III	trēs, trēs, tria	tertius
4	IV	quattuor	quārtus
5	V	quīnque	quīntus
6	VI	sex	sextus
7	VII	septem	septimus
8	VIII	octō	octāvus
9	IX	novem	nōnus
10	X	decem	decimus
11	XI	ūndecim	ūndecimus
12	XII	duodecim	duodecimus
13	XIII	trēdecim	tertius decimus
14	XIV	quattuordecim	quārtus decimus
15	XV	quīndecim	quīntus decimus
16	XVI	sēdecim	sextus decimus
17	XVII	septendecim	septimus decimus
18	XVIII	duodēvīgintī	duodēvīcēsimus
19	XIX	ūndēvīgintī	ūndēvīcēsimus
20	XX	vīgintī	vīcēsimus
21	XXI	ūnus et vīgintī	ūnus et vīcēsimus
22	XXII	duo et vīgintī	alter et vīcēsimus
28	XXVIII	duodētrīgintā	duodētrīcēsimus
29	XXIX	ūndētrīgintā	ūndētrīcēsimus
30	XXX	trīgintā	trīcēsimus
40	XL	quadrāgintā	quadrāgēsimus
50	L	quīnquāgintā	quīnquāgēsimus
60	LX	sexāgintā	sexāgēsimus
70	LXX	septuāgintā	septuāgēsimus
80	LXXX	octōgintā	octōgēsimus
90	XC	nōnāgintā	nōnāgēsimus

Ziffern		Kardinalzahlen	Ordinalzahlen
100	C	centum	centēsimus
200	CC	ducentī	ducentēsimus
300	CCC	trecentī	trecentēsimus
400	CD	quadringentī	quadringentēsimus
500	D	quīngentī	quīngentēsimus
600	DC	sescentī	sescentēsimus
700	DCC	septingentī	septingentēsimus
800	DCCC	octingentī	octingentēsimus
900	CM	nōngentī	nōngentēsimus
1000	M	mīlle	mīllēsimus
2000	MM	duo mīlia	bis mīllēsimus
10000	X̄	decem mīlia	deciēs mīllēsimus
100000	C̄	centum mīlia	centiēs mīllēsimus

§ 51   Zahlwörter: Deklination

Ordinalzahlen werden wie Adjektive dekliniert. Von den Kardinalzahlen werden nur die Zahlen *eins, zwei, drei* sowie die Hunderter (außer *centum*) und Tausender (außer *mīlle*) dekliniert.

ūnus	ūna	ūnum	duo	duae	duo	trēs		tria	mīlia
	ūnīus		duōrum	duārum	duōrum		trium		mīlium
	ūnī		duōbus	duābus	duōbus		tribus		mīlibus
ūnum	ūnam	ūnum	duo(s)	duās	duo	trēs		tria	mīlia
ūnō	ūnā	ūnō	duōbus	duābus	duōbus		tribus		mīlibus

Verb

§ 52 Formbestandteile; Morpheme

A Ein Verb zu konjugieren bedeutet, Verbformen für die verschiedenen Personen zu bilden (z. B. *laudō, laudās, laudat …*).

Finite Verbformen haben Personalmorpheme (z. B. *laudāmus wir loben*); infinite Verbformen lassen die Person nicht erkennen (Infinitiv, Partizip, nd-Form).

B Eine finite Form kann folgendermaßen zerlegt werden:

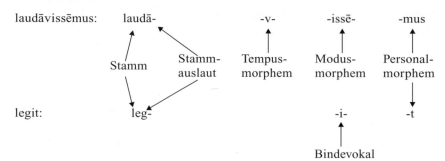

Der Stamm enthält die Vokabelbedeutung des Verbs. Nach dem Stammauslaut unterscheidet man die einzelnen Konjugationen (z. B. ā-Konjugation; konsonantische Konjugation).

C Personalmorpheme

	Aktiv		Passiv		nur Perfekt Aktiv	
	Sg.	Pl.	Sg.	Pl.	Sg.	Pl.
1.	ō/m	mus	or/r	mur	ī	imus
2.	s	tis	ris	minī	istī	istis
3.	t	nt	tur	ntur	it	ērunt / ēre

D Bindevokale

-e-	z. B.	leg-e-re	
-i-		leg-i-mus,	laudāb-i-mus
-u-		leg-u-nt,	laudāb-u-nt

E   Man unterscheidet

3 Personen	1. Person; 2. Person; 3. Person (§ 37 A)
2 Numeri	Singular; Plural
3 Modi	Indikativ; Konjunktiv; Imperativ
6 Tempora	Präsens; Imperfekt; Perfekt; Plusquamperfekt; Futur I; Futur II
2 Genera verbi	Aktiv; Passiv

Partizipien und nd-Formen sind deklinierte Verbformen: Sie haben KNG-Morpheme wie ein Adjektiv, zeigen aber auch Tempus und Genus verbi.

§ 53   Formbestimmung („Kennkarte") von Verbformen

Form	Person + Numerus	Modus	Tempus	Genus verbi	Infinitiv	Übersetzung
legit	3. Sg.	Ind.	Präs.	Akt.	zu legere	er / sie liest
captī es- sēmus	1. Pl.	Konj.	Plpf.	Pass.	zu capere	wir wären ge- fangen worden
laudārī		Inf.	Präs.	Pass.	zu laudāre	gelobt werden

Bei der Formbestimmung eines Partizips ergänzt man ein Substantiv, um KNG wiederzugeben, und übersetzt weiter mit einem Relativsatz. Das lässt sich manchmal auch in der Textübersetzung anwenden.

Partizip	Kasus	Nu- merus	Genus		Übersetzung
laudātus	Nom.	Sg.	m.	des PPP zu laudāre	<ein Mann,> der gelobt worden ist/war
laudantī	Dat.	Sg.	m. + f.	des PPA zu laudāre	<einem Mann,> der lobt/lobte / <einer Frau,> die lobt/lobte
laudātūrās	Akk.	Pl.	f.	des PFA zu laudāre	<die Frauen,> die loben werden/ wollen/im Begriff sind zu loben // die loben wollten/ im Begriff waren zu loben.

45

Konjugationstabellen §§ 54–61

§ 54   Formen des Präsensstammes

		Aktiv				
		ā-Konjugation	ē-Konjugation	ī-Konjugation	kurzvok. i-Konjugation	kons. Konjugation
Indikativ	Präsens	laud-ō laudā-s lauda-t laudā-mus laudā-tis lauda-nt	mone-ō monē-s mone-t monē-mus monē-tis mone-nt	audi-ō audī-s audi-t audī-mus audī-tis audi-u-nt	capi-ō capi-s capi-t capi-mus capi-tis capi-u-nt	leg-ō leg-i-s leg-i-t leg-i-mus leg-i-tis leg-u-nt
	Imperfekt	laudā-ba-m laudā-bā-s laudā-ba-t laudā-bā-mus laudā-bā-tis laudā-ba-nt	monē-ba-m monē-bā-s monē-ba-t monē-bā-mus monē-bā-tis monē-ba-nt	audi-ēba-m audi-ēbā-s audi-ēba-t audi-ēbā-mus audi-ēbā-tis audi-ēba-nt	capi-ēba-m capi-ēbā-s capi-ēba-t capi-ēbā-mus capi-ēbā-tis capi-ēba-nt	leg-ēba-m leg-ēbā-s leg-ēba-t leg-ēbā-mus leg-ēbā-tis leg-ēba-nt
	Futur I	laudā-b-ō laudā-b-i-s laudā-b-i-t laudā-b-i-mus laudā-b-i-tis laudā-b-u-nt	monē-b-ō monē-b-i-s monē-b-i-t monē-b-i-mus monē-b-i-tis monē-b-u-nt	audi-a-m audi-ē-s audi-e-t audi-ē-mus audi-ē-tis audi-e-nt	capi-a-m capi-ē-s capi-e-t capi-ē-mus capi-ē-tis capi-e-nt	leg-a-m leg-ē-s leg-e-t leg-ē-mus leg-ē-tis leg-e-nt
Konjunktiv	Präsens	laude-m laudē-s laude-t laudē-mus laudē-tis laude-nt	mone-a-m mone-ā-s mone-a-t mone-ā-mus mone-ā-tis mone-a-nt	audi-a-m audi-ā-s audi-a-t audi-ā-mus audi-ā-tis audi-a-nt	capi-a-m capi-ā-s capi-a-t capi-ā-mus capi-ā-tis capi-a-nt	leg-a-m leg-ā-s leg-a-t leg-ā-mus leg-ā-tis leg-a-nt
	Imperfekt	laudā-re-m laudā-rē-s laudā-re-t laudā-rē-mus laudā-rē-tis laudā-re-nt	monē-re-m monē-rē-s monē-re-t monē-rē-mus monē-rē-tis monē-re-nt	audī-re-m audī-rē-s audī-re-t audī-rē-mus audī-rc-tis audī-re-nt	cape-re-m cape-rē-s cape-re-t cape-rē-mus cape-rē-tis cape-re-nt	leg-e-re-m leg-e-rē-s leg-e-re-t leg-e-rē-mus leg-e-rē-tis leg-e-re-nt
Ipv.		laudā laudā-te	monē monē-te	audī audī-te	cape capi-te	leg-e leg-i-te
Inf.		laudā-re	monē-re	audī-re	cape-re	leg-e-re
Part.		laudā-ns	monē-ns	audi-ēns	capi-ēns	leg-ēns
nd		lauda-nd-ī	mone-nd-ī	audi-end-ī	capi-end-ī	leg-end-ī

Passiv				
	ā-Konjugation	ē-Konjugation	ī-Konjugation	kurzvok. i-Konjugation	kons. Konjugation

		ā-Konjugation	ē-Konjugation	ī-Konjugation	kurzvok. i-Konjugation	kons. Konjugation
Indikativ	Präsens	laud-or	mone-or	audi-or	capi-or	leg-or
		laudā-ris	monē-ris	audī-ris	cape-ris	leg-e-ris
		laudā-tur	monē-tur	audī-tur	capi-tur	leg-i-tur
		laudā-mur	monē-mur	audī-mur	capi-mur	leg-i-mur
		laudā-minī	monē-minī	audī-minī	capi-minī	leg-i-minī
		lauda-ntur	mone-ntur	audi-u-ntur	capi-u-ntur	leg-u-ntur
	Imperfekt	laudā-ba-r	monē-ba-r	audi-ēba-r	capi-ēba-r	leg-ēba-r
		laudā-bā-ris	monē-bā-ris	audi-ēbā-ris	capi-ēbā-ris	leg-ēbā-ris
		laudā-bā-tur	monē-bā-tur	audi-ēbā-tur	capi-ēbā-tur	leg-ēbā-tur
		laudā-bā-mur	monē-bā-mur	audi-ēbā-mur	capi-ēbā-mur	leg-ēbā-mur
		laudā-bā-minī	monē-bā-minī	audi-eba-mını	capı-eba-mınī	leg-ēbā-minī
		laudā-ba-ntur	monē-ba-ntur	audi-ēba-ntur	capi-ēba-ntur	leg-ēba-ntur
	Futur I	laudā-b-or	monē-b-or	audi-a-r	capi-a-r	leg-a-r
		laudā-b-e-ris	monē-b-e-ris	audi-ē-ris	capi-ē-ris	leg-ē-ris
		laudā-b-i-tur	monē-b-i-tur	audi-ē-tur	capi-ē-tur	leg-ē-tur
		laudā-b-i-mur	monē-b-i-mur	audi-ē-mur	capi-ē-mur	leg-ē-mur
		laudā-b-i-minī	monē-b-i-minī	audi-ē-minī	capi-ē-minī	leg-ē-minī
		laudā-b-u-ntur	monē-b-u-ntur	audi-e-ntur	capi-e-ntur	leg-e-ntur
Konjunktiv	Präsens	laude-r	mone-a-r	audi-a-r	capi-a-r	leg-a-r
		laudē-ris	mone-ā-ris	audi-ā-ris	capi-ā-ris	leg-ā-ris
		laudē-tur	mone-ā-tur	audi-ā-tur	capi-ā-tur	leg-ā-tur
		laudē-mur	mone-ā-mur	audi-ā-mur	capi-ā-mur	leg-ā-mur
		laudē-minī	mone-ā-minī	audi-ā-minī	capi-ā-minī	leg-ā-minī
		laude-ntur	mone-a-ntur	audi-a-ntur	capi-a-ntur	leg-a-ntur
	Imperfekt	laudā-re-r	monē-re-r	audī-re-r	cape-re-r	leg-e-re-r
		laudā-rē-ris	monē-rē-ris	audī-rē-ris	cape-rē-ris	leg-e-rē-ris
		laudā-rē-tur	monē-rē-tur	audī-rē-tur	cape-rē-tur	leg-e-rē-tur
		laudā-rē-mur	monē-rē-mur	audī-rē-mur	cape-rē-mur	leg-e-rē-mur
		laudā-rē-minī	monē-rē-minī	audī-rē-minī	cape-rē-minī	leg-e-rē-minī
		laudā-re-ntur	monē-re-ntur	audī-re-ntur	cape-re-ntur	leg-e-re-ntur
Inf.		laudā-rī	monē-rī	audī-rī	capī	leg-ī
nd		lauda-nd-us	mone-nd-us	audi-end-us	capi-end-us	leg-end-us

§ 55   Formen des Perfektstammes

		Aktiv				
		ā-Konjugation	ē-Konjugation	ī-Konjugation	kurzvok. i-Konjugation	kons. Konjugation
Indikativ	Perfekt	laudāv-ī laudāv-istī laudāv-it laudāv-imus laudāv-istis laudāv-ērunt	monu-ī monu-istī monu-it monu-imus monu-istis monu-ērunt	audīv-ī audīv-istī audīv-it audīv-imus audīv-istis audīv-ērunt	cēp-ī cēp-istī cēp-it cēp-imus cēp-istis cēp-ērunt	lēg-ī lēg-istī lēg-it lēg-imus lēg-istis lēg-ērunt
	Plusquamperfekt	laudāv-era-m laudāv-erā-s laudāv-era-t laudāv-erā-mus laudāv-erā-tis laudāv-era-nt	monu-era-m monu-erā-s monu-era-t monu-erā-mus monu-erā-tis monu-era-nt	audīv-era-m audīv-erā-s audīv-era-t audīv-erā-mus audīv-erā-tis audīv-era-nt	cēp-era-m cēp-erā-s cēp-era-t cēp-erā-mus cēp-erā-tis cēp-era-nt	lēg-era-m lēg-erā-s lēg-era-t lēg-erā-mus lēg-erā-tis lēg-era-nt
	Futur II	laudāv-er-ō laudāv-eri-s laudāv-eri-t laudāv-eri-mus laudāv-eri-tis laudāv-eri-nt	monu-er-ō monu-eri-s monu-eri-t monu-eri-mus monu-eri-tis monu-eri-nt	audīv-er-ō audīv-eri-s audīv-eri-t audīv-eri-mus audīv-eri-tis audīv-eri-nt	cēp-er-ō cēp-eri-s cēp-eri-t cēp-eri-mus cēp-eri-tis cēp-eri-nt	lēg-er-ō lēg-eri-s lēg-eri-t lēg-eri-mus lēg-eri-tis lēg-eri-nt
Konjunktiv	Perfekt	laudāv-eri-m laudāv-eri-s laudāv-eri-t laudāv-eri-mus laudāv-eri-tis laudāv-eri-nt	monu-eri-m monu-eri-s monu-eri-t monu-eri-mus monu-eri-tis monu-eri-nt	audīv-eri-m audīv-eri-s audīv-eri-t audīv-eri-mus audīv-eri-tis audīv-eri-nt	cēp-eri-m cēp-eri-s cēp-eri-t cēp-eri-mus cēp-eri-tis cēp-eri-nt	lēg-eri-m lēg-eri-s lēg-eri-t lēg-eri-mus lēg-eri-tis lēg-eri-nt
	Plusquamperfekt	laudāv-isse-m laudāv-issē-s laudāv-isse-t laudāv-issē-mus laudāv-issē-tis laudāv-isse-nt	monu-isse-m monu-issē-s monu-isse-t monu-issē-mus monu-issē-tis monu-isse-nt	audīv-isse-m audīv-issē-s audīv-isse-t audīv-issē-mus audīv-issē-tis audɪv-isse-nt	cēp-isse-m cēp-issē-s cēp-isse-t cēp-issē-mus cēp-issē-tis cēp-isse-nt	lēg-isse-m lēg-issē-s lēg-isse-t lēg-issē-mus lēg-issē-tis lēg-isse-nt
Infinitiv		laudāv-isse	monu-isse	audīv-isse	cēp-isse	lēg-isse

Passiv (hier nur 1. Pers. Sg. mask.)					
Ind.	Perf.	laudātus sum	monitus sum	audītus sum	captus sum	lēctus sum
	Plpf.	laudātus eram	monitus eram	audītus eram	captus eram	lēctus eram
	Fut. II	laudātus erō	monitus erō	audītus erō	captus erō	lēctus erō
Konj.	Perf.	laudātus sim	monitus sim	audītus sim	captus sim	lēctus sim
	Plpf.	laudātus essem	monitus essem	audītus essem	captus essem	lēctus essem
Infinitiv		laudātum esse	monitum esse	audītum esse	captum esse	lēctum esse
Partizip		laudātus, -a, -um	monitus, -a, -um	audītus, -a, -um	captus, -a, -um	lēctus, -a, -um

§ 56   Konjugationstabelle: esse – sein

	Präs.	Ipf.	Fut. I	Perf.	Plpf.	Fut. II
Ind.	sum	eram	erō	fuī	fueram	fuerō
	es	erās	eris	fuistī	fuerās	fueris
	est	erat	erit	fuit	fuerat	fuerit
	sumus	erāmus	erimus	fuimus	fuerāmus	fuerimus
	estis	erātis	eritis	fuistis	fuerātis	fueritis
	sunt	erant	erunt	fuērunt	fuerant	fuerint
Konj.	sim	essem		fuerim	fuissem	
	sīs	essēs		fueris	fuissēs	
	sit	esset		fuerit	fuisset	
	sīmus	essēmus		fuerimus	fuissēmus	
	sītis	essētis		fueritis	fuissētis	
	sint	essent		fuerint	fuissent	
Inf.	esse		futūrum esse (= fore)	fuisse		
Ipv.	es					
	este					
Part.			futūrus, -a, -um			

§ 57   Konjugationstabelle: ferre – tragen; bringen

	Präs.	Ipf.	Fut. I	Perf.	Plpf.	Fut. II
Ind.	ferō	ferēbam	feram	tulī	tuleram	tulerō
	fers	ferēbās	ferēs	tulistī	tulerās	tuleris
	fert	ferēbat	feret	tulit	tulerat	tulerit
	ferimus	ferēbāmus	ferēmus	tulimus	tulerāmus	tulerimus
	fertis	ferēbātis	ferētis	tulistis	tulerātis	tuleritis
	ferunt	ferēbant	ferent	tulērunt	tulerant	tulerint
Konj.	feram	ferrem		tulerim	tulissem	
	ferās	ferrēs		tuleris	tulissēs	
	ferat	ferret		tulerit	tulisset	
	ferāmus	ferrēmus		tulerimus	tulissēmus	
	ferātis	ferrētis		tuleritis	tulissētis	
	ferant	ferrent		tulerint	tulissent	
Inf.	ferre		lātūrum esse	tulisse		
Ipv.	fer					
	ferte					
Part.	ferēns (PPA)		lātūrus (PFA)	lātus (PPP)		
nd	ferendī					

Den Imperativen
   dīc, dūc, fac, fer
fehlt in der 2. Pers. Sg. das Morphem *-e*.

§ 58   Konjugationstabelle: īre – gehen

	Präs.	Ipf.	Fut. I	Perf.	Plpf.	Fut. II
Ind.	eō	ībam	ībō	iī	ieram	ierō
	īs	ībās	ībis	īstī (iistī)	ierās	ieris
	it	ībat	ībit	iit	ierat	ierit
	īmus	ībāmus	ībimus	iimus	ierāmus	ierimus
	ītis	ībātis	ībitis	īstis (iistis)	ierātis	ieritis
	eunt	ībant	ībunt	iērunt	ierant	ierint
Konj.	eam	īrem		ierim	īssem	
	eās	īrēs		ieris	īssēs	
	eat	īret		ierit	īsset	
	eāmus	īrēmus		ierimus	īssēmus	
	eātis	īrētis		ieritis	īssētis	
	eant	īrent		ierint	īssent	
Inf.	īre		itūrum esse	īsse		
Ipv.	ī					
	īte					
Part.	iēns, euntis		itūrus			
nd	eundī					

§ 59   Konjugationstabelle: velle – wollen

		velle wollen	nōlle nicht wollen	mālle lieber wollen
Ind.	Präs.	volō vīs vult volumus vultis volunt	nōlō nōn vīs nōn vult nōlumus nōn vultis nōlunt	mālō māvīs māvult mālumus māvultis mālunt
	Ipf.	volēbam volēbās …	nōlēbam nōlēbās …	mālēbam mālēbās …
	Perf.	voluī voluistī …	nōluī nōluistī …	māluī māluistī …
	Plpf.	volueram voluerās …	nōlueram nōluerās …	mālueram māluerās …
	Fut.	volam volēs …	nōlam nōlēs …	mālam mālēs …
Konj.	Präs.	velim velīs velit velīmus velītis velint	nōlim nōlīs nōlit nōlīmus nōlītis nōlint	mālim mālīs mālit mālīmus mālītis mālint
	Ipf.	vellem vellēs …	nōllem nōllēs …	māllem māllēs …
Inf.	Präs. Perf.	velle voluisse	nōlle nōluisse	mālle māluisse
Ipv.			nōlī nōlīte	
Part.		volēns	nōlēns	

§ 60 Formen der Deponentien

		cōnārī versuchen	verērī fürchten	largīrī schenken	patī leiden	sequī folgen
Konjugation		ā-	ē-	ī-	kurzvok. i-	konson.
Ind.	Präs.	cōnor cōnāris cōnātur cōnāmur cōnāminī cōnantur	vereor verēris verētur verēmur verēminī verentur	largior largīris largītur largīmur largīminī largiuntur	patior pateris patitur patimur patiminī patiuntur	sequor sequeris sequitur sequimur sequiminī sequuntur
	Ipf.	cōnābar cōnābāris …	verēbar verēbāris …	largiēbar largiēbāris …	patiēbar patiēbāris …	sequēbar sequēbāris …
	Perf.	cōnātus sum …	veritus sum …	largītus sum …	passus sum …	secūtus sum …
	Plpf.	cōnātus eram …	veritus eram …	largītus eram …	passus eram …	secūtus eram …
	Fut.	cōnābor cōnāberis …	verēbor verēberis …	largiar largiēris …	patiar patiēris …	sequar sequēris …
Konj.	Präs.	cōner cōnēris …	verear vereāris …	largiar largiāris …	patiar patiāris …	sequar sequāris …
	Ipf.	cōnārer cōnārēris …	verērer verērēris …	largīrer largīrēris …	paterer paterēris …	sequerer sequerēris …
Inf.	Präs. Perf.	cōnārī cōnātum esse	verērī veritum esse	largīrī largītum esse	patī passum esse	sequī secūtum esse
Ipv.		cōnāre cōnāminī	verēre verēminī	largīre largīminī	patere patiminī	sequere sequiminī
Part.		cōnāns	verēns	largiēns	patiēns	sequēns

§ 61   Verba defectiva

Einige Verben bilden nicht alle Formen (verba defectiva – Verben mit Verlust).

Formen nur vom Perfektstamm bilden:

coepī	ich fing an
meminī	ich erinnere mich (eig.: ich habe mir gemerkt)
ōdī	ich hasse (eig.: ich habe Hass entwickelt)

Vergleichbar sind die Perfektformen mit Präsensbedeutung:

cōnsuēvī	ich bin gewohnt, ich pflege (eig.: ich habe mich gewöhnt)
nōvī	ich kenne, ich weiß (eig.: ich habe erkannt)

Daneben auch vollständig:

cōnsuēscere	(sich) gewöhnen
cognōscere	erkennen

Das Perfekt mit Präsensbedeutung lässt sich als resultatives Perfekt erklären. – Das Plusquamperfekt wird mit dem Präteritum übersetzt, das Futur II mit dem Futur – z. B.

memineram	ich erinnerte mich
meminerō	ich werde mich erinnern

Einige Verben haben nur wenige Einzelformen – z. B.

inquam; inquis	sage ich; sagst du
inquit	sagt er / sie; sagte er / sie
quaesō	bitte

§ 62   Perfekt Aktiv

Je nach Perfekt-Kennzeichen unterscheidet man:

v-Perfekt
vocā-v-it
dēlē-v-it
audī-v-it
quaesī-v-it

u-Perfekt
vet-u-it
mon-u-it
aper-u-it
pos-u-it

s-Perfekt		
mīsit	für	mit-s-it
trāxit	für	trah-s-it
rēxit	für	reg-s-it
dūxit	für	duc-s-it

Dehnungsperfekt
vīdit
vēnit
cēpit
vīcit

Reduplikationsperfekt
pe-pend-it
cu-curr-it
ce-cid-it
de-d-it

Stammperfekt (ohne Kennzeichen)
dēfend-it
vert-it

Die Kennzeichen -v- und -u- stellen einen Laut dar, der hinter einem Vokal als *w*, hinter einem Konsonanten als *u* ausgesprochen wird.

Das Kennzeichen -v- fehlt manchmal. Beispiele:

laudārunt, laudāsse; audīstī, audiērunt, audīsse.

Die Reduplikation fehlt in Komposita:

accurrērunt (aber cucurrērunt);
incidērunt (aber cecidērunt).

Besondere Perfektstämme

fu- zu   esse :   fu-it,   fu-ērunt;
tul- zu   ferre :   tul-it,   tul-ērunt.

Als Morphem der 3. Pers. Ind. Perf. Akt. neben -ērunt auch -ēre:

laudāvēre; dēlēre; monuēre; audīvēre; cēpēre; lēgēre.

§ 63   Zweiwortformen

Partizip nd-Form	+	Form von *esse*

PPP	+	Form von *esse*: Passiv	Perfekt Plusquamperfekt Futur II

laudātus sum	ich bin gelobt worden / wurde gelobt
laudātae essent	sie wären gelobt worden
laudātus eris	du wirst gelobt worden sein

PFA	+	Form von *esse*: umschreibendes Futur

laudātūrus sum	ich werde / will (gerade) loben / ich bin im Begriff zu loben
laudātūrus eram	ich wollte (gerade) loben / ich war im Begriff zu loben
… eōs tē laudātūrōs esse	… dass sie dich loben werden / würden

nd-Form	+	Form von *esse*: nd-esse-Gruppe

laudandus sum	ich muss gelobt werden
… eās nōn esse laudandās	dass sie nicht gelobt werden dürfen / dürften

Zu den deutschen Mehrwortformen vgl. § 117.

64 Partizipien

A Ein Partizip ist eine deklinierte, adjektivische Verbform.

Kennzeichen, Ausgänge	Bezeichnung, Beispiele
-tus -sus	PPP: Partizip Perfekt Passiv laudātus missus
-nt-	PPA: Partizip Präsens Aktiv (*laudants >) laudāns, laudantis
-tūrus -sūrus	PFA: Partizip Futur Aktiv laudātūrus missūrus

B PPP: Partizip Perfekt Passiv mit dem Kennzeichen t.

Mögliche Lautveränderungen:

$$g/h + t \; > \; ct \qquad z.\,B.:$$
$$*reg\text{-}t\text{-}us \; > \; rēctus$$
$$*trah\text{-}t\text{-}us \; > \; tractus$$

$$d/t + t \; > \; s, ss \qquad z.\,B.:$$
$$*vid\text{-}t\text{-}us \; > \; vīsus$$
$$*mit\text{-}t\text{-}us \; > \; missus$$

Tempus §§ 65–72

65 Tempus – Zeitstufe – Zeitverhältnis

A Der Verfasser eines Textes stellt etwas als gegenwärtig, vergangen oder zukünftig dar. Dies sind die Zeitstufen Gegenwart, Vergangenheit und Zukunft. Der Verfasser zeigt auch, ob eine Handlung oder ein Geschehen früher, gleichzeitig oder später als ein anderes Geschehen zu sehen ist. Dies sind die Zeitverhältnisse Vorzeitigkeit, Gleichzeitigkeit und Nachzeitigkeit. In einem Text sind oft verschiedene Zeitstufen und Zeitverhältnisse miteinander kombiniert. Bezeichnet werden sie vor allem durch das Tempus der Verben, aber auch durch adverbiale Bestimmungen. Beispiele:

B Zeitstufe

Vergangenheit

Hier auf dem Felsen stand einst einer der größten Tempel der Griechen.

57

Gegenwart

Heute sieht man nur noch ein paar Säulen.

Zukunft

In hundert Jahren wird hier wieder Gestrüpp wuchern.

$\boxed{\text{C}}$ Zeitverhältnis (hier nur drei Beispiele):

Nachzeitigkeit in der Vergangenheit

Die Pilger damals staunten und fragten sich, ob sie jemals einen noch gewaltigeren Bau sehen würden.

Vorzeitigkeit in der Gegenwart

Heute sieht man, nachdem die Ruine jahrhundertelang als Steinbruch gedient hat, nur noch ein paar Säulen.

Vorzeitigkeit in der Zukunft

Aber in hundert Jahren wird hier wieder Gestrüpp wuchern, wenn die Besucher auch noch die letzten Säulenreste mitgenommen haben (werden).

$\boxed{\text{D}}$ Übersicht: Tempus – Zeitstufe – Zeitverhältnis

Tempus	Präsens Futur (Futur I – Futur II) Perfekt, Imperfekt, Plusquamperfekt
Zeitstufe	Vergangenheit – Gegenwart – Zukunft
Zeitverhältnis	Vorzeitigkeit (VZ) – Gleichzeitigkeit (GZ) – Nachzeitigkeit (NZ)

Das Tempus der finiten Verben im Hauptsatz ist absolut – es gibt die Zeitstufe an; das Tempus der Infinitive und Partizipien ist relativ – es gibt das Zeitverhältnis an (ebenso die meisten Verben in Gliedsätzen).

Vorzeitig oder gleichzeitig oder nachzeitig ist ein untergeordnetes Verb im Verhältnis zum übergeordneten (nicht umgekehrt):

Syrus ā Gāiō vocātus sē brevī ventūrum esse respondit.		Als Syrus von Gajus gerufen worden war, antwortete er, er werde gleich kommen.	
respondit	(Perf.)	gibt die Zeitstufe des Satzes an: Vergangenheit z.B. gestern, 10.25 Uhr	
vocātus	(Perf.)	ist vorzeitig zu respondit	10.24 Uhr
ventūrum esse	(Fut.)	ist nachzeitig zu respondit	10.30 Uhr

Die einzelnen Tempora im Indikativ §§ 66–71

66 Präsens

Im Präsens stehen Aussagen über die Gegenwart und allgemeine, zeitlose Aussagen.

<Markus, wo stecken deine Leute?>

„Syrus in hortō labōrat, Paula cibum parat, līberī in silvā lūdunt."

„Syrus arbeitet im Garten, Paula macht das Essen und die Kinder spielen im Wald."

Quī tacet, cōnsentīre vidētur.

Wer schweigt, scheint zuzustimmen.

67 Futur

Im Futur stehen Aussagen über die Zukunft. Das Futur I wird oft, in Gliedsätzen meist mit dem deutschen Präsens oder mit *wollen* übersetzt.

Perīculum dēmōnstrābō, quod nōbīs imminēbit.

Ich werde / will die Gefahr zeigen, die uns droht (statt: drohen wird).

Das Futur II bezeichnet vorzeitige Vorgänge der Zukunft. Es wird meist mit dem deutschen Präsens oder Perfekt übersetzt.

Sī Athēnās superāveris, quid agēs?

Was willst du tun / tust du, wenn du Athen unterworfen hast (statt: unterworfen haben wirst)?

68 Perfekt und Imperfekt

Im lateinischen Perfekt werden abgeschlossene Handlungen und Geschehnisse der Vergangenheit erzählt (perfectum historicum). Im Imperfekt werden andauernde Zustände und versuchte oder wiederholte Handlungen und Geschehnisse der Vergangenheit dargestellt.

Imperfekt
Dauer
Versuch
Wiederholung

Die Namen der beiden Tempora sind aufschlussreich. Durch das Perfekt wird betont, dass Vorgänge der Vergangenheit abgeschlossen, zu Ende gebracht, also „perfekt" sind. Durch das Imperfekt jedoch wird hervorgehoben, dass die Zustände und Geschehnisse damals noch andauerten, noch unvollendet, also „imperfekt" waren.

In beiden lateinischen Tempora wird von der Vergangenheit erzählt. Darum müssen beide mit dem deutschen Erzähltempus der Vergangenheit, dem Präteritum, übersetzt werden.

Perfekt

Rōmulus multōs agricolās Rōmam vocāvit et oppidum novum incolīs complēvit.	Romulus rief viele Bauern nach Rom und füllte seine neue Stadt mit Bürgern.
Itaque multa aedificia intrā mūrōs aedificāta sunt.	Darum wurden viele Häuser innerhalb der Mauern gebaut.

Imperfekt

Rōmulus diū in tumulō stābat, cum subitō nimbus eum circumdedit.

Romulus stand lange auf einem Hügel, als ihn plötzlich eine Wolke umhüllte.

Rōmānī nūntium interrogābant.	Die Römer befragten den Boten lange / pausenlos	DAUER
	versuchten den Boten auszufragen	VERSUCH
	fragten den Boten immer wieder / stellten ihm viele Fragen.	WIEDERHOLUNG

Zum deutschen Präteritum und Perfekt vgl. § 118.

§ 69   Perfekt: Weitere Funktionen

Das lateinische Perfekt bezeichnet auch die so genannte vollendete Gegenwart – also Vorgänge, die zwar vergangen sind, aber für die Gegenwart eine Bedeutung haben. Es hebt entweder hervor,

– dass das Resultat dieser Vorgänge in der Gegenwart weiterbesteht (resultatives Perfekt); oder
– dass die Vorgänge tatsächlich abgeschlossen sind – eben dies wird durch das Perfekt als Tatsache festgestellt (konstatierendes Perfekt).

In diesen beiden Fällen wird mit dem deutschen Perfekt übersetzt.

resultativ

Pater, peccāvī.	Vater, ich habe gesündigt – <und stehe jetzt als Sünder da>.

konstatierend

Fuimus Trōēs.	Wir sind Trojaner gewesen – <aber das ist jetzt vorbei>.

70 Plusquamperfekt

Das Plusquamperfekt bezeichnet vorzeitige Vorgänge der Vergangenheit – also Handlungen und Geschehnisse, deren Resultat in der Vergangenheit weiterbestand (resultativ) oder die damals abgeschlossen waren (konstatierend).

Equus, quem mercātor addūxerat, rēgī placuit.	Das Pferd, das der Kaufmann herbeigeführt hatte <und das nun vor ihnen stand>, gefiel dem König.
Multī dē equō iam dēiectī erant, cum Alexander appropinquāvit.	Viele waren schon abgeworfen worden, <aber wieder aufgestanden,> als Alexander sich näherte.

71 Besonderheiten des Tempusgebrauchs

A Immer mit dem Perfekt stehen *postquam nachdem* und *ubī sobald* (Bezeichnung der VZ). Im Deutschen muss die Zeitstufe des übergeordneten Satzes beachtet werden (Ggw. → Perf.; Vgh. → Plpf.).

Zeitstufe Gegenwart

Ubī ancillae cēnam parāvērunt, convīvae intrant.	Sobald die Sklavinnen das Essen aufgetischt haben (Perf.), treten die Gäste ein.

Zeitstufe Vergangenheit

Ubī ancillae cēnam parāvērunt, convīvae intrāvērunt.	Sobald die Sklavinnen das Essen aufgetischt hatten (Plpf.), traten die Gäste ein.

B Auch in der Zeitstufe Vergangenheit steht *dum während* mit dem Präsens (die Fortdauer der Handlung wird betont). Im Deutschen muss die Zeitstufe des übergeordneten Satzes beachtet werden (Ggw. → Präs.; Vgh. → Präteritum).

Discō, dum ambulō.	Ich lerne, während ich umhergehe.
Herī, dum ambulō, puerī carmen novum recitābant.	Gestern trugen Jungen ein neues Lied vor, während ich umherging.

C Vergangenes kann auch im Präsens erzählt sein. Dieses praesens dramaticum dient der lebendigen Darstellung. In historischen Berichten steht das Präsens auch ohne erkennbaren Zweck: praesens historicum. In beiden Fällen übersetzt man meist mit dem Präteritum.

Senātor lavābātur in vīllā. Subitō servī eum circumsistunt, contundunt.	Der Senator nahm in seinem Landhaus ein Bad. Plötzlich umstellten ihn seine Sklaven und schlugen ihn zusammen.

61

§ 72   Tempus: Infinitive, Partizipien, Konjunktive

A   Das Tempus eines Infinitivs oder eines Partizips bezeichnet das Zeitverhältnis, nicht die Zeitstufe. Das gilt auch für einen Konjunktiv im Gliedsatz, wenn er ein obliquer oder subjunktiver Konjunktiv ist. Für das Tempus
eines lateinischen Konjunktivs ist zusätzlich das Tempus des übergeordneten
Verbs wichtig (Haupttempus HT / Nebentempus NT); in der Übersetzung
richtet sich das Tempus des deutschen Konjunktivs nur nach dem Zeitverhältnis. (Die strenge Regelung der lateinischen Konjunktivtempora heißt
consecutio temporum.)

lateinische	VZ	GZ	NZ
Infinitive	Perfekt	Präsens	Futur
Partizipien			
Konjunktive nach HT	Perfekt	Präsens	-ūrus sim
nach NT	Plusquamperfekt	Imperfekt	-ūrus essem

B

HT = Haupttempus	Präsens Futur	resultatives Perfekt
NT = Nebentempus	Imperfekt, Plusquamperfekt	historisches Perfekt

C   Übersicht: Tempus der Partizipien

Partizip	Tempusfunktion	
PPP -tus -sus	Partizip Perfekt Passiv Das Perfekt bezeichnet die Vorzeitigkeit	VZ
laudātus (missus)	<er,> nachdem / weil / obwohl er gelobt worden ist (Ggw.) gelobt worden war (Vgh.)	
PPA -ns, -nt-is	Partizip Präsens Aktiv Das Präsens bezeichnet die Gleichzeitigkeit	GZ
laudāns laudantem	<er,> <ihn,> während / weil / obwohl er lobt (Ggw.) lobte (Vgh.)	

Partizip	Tempusfunktion	
PFA -ūrus	Partizip Futur Aktiv Das Futur bezeichnet die Nachzeitigkeit.	NZ
laudātūrus	<er,> weil / obwohl er loben wird / will / im Begriff ist zu loben (Ggw.) loben wollte / im Begriff war zu loben (Vgh.) final: um zu loben (Ggw. + Vgh.)	

D Beispiele

Infinitiv

Dīcit / Dīcet / Dīxit sē id

		Er sagt / wird sagen / hat gesagt, das
laudāvisse	VZ	habe er gelobt
laudāre	GZ	lobe er
laudātūrum esse.	NZ	werde er loben.

Partizip

Vituperās/Vituperāvistī

		Du tadelst/Du tadeltest
eam ā patre laudātam	VZ	sie, obwohl sie von ihrem Vater gelobt worden ist / war
patrem eam laudantem	GZ	ihren Vater, weil er sie lobt / lobte
patrem eam laudātūrum.	NZ	ihren Vater, weil er sie loben will / wollte.

Konjunktiv

nach HT

Interrogant / Interrogābunt,
  cūr tē

		Sie fragen / werden fragen, warum er dich
laudāverit	VZ	gelobt habe
laudet	GZ	lobe
laudātūrus sit.	NZ	loben werde / wolle.

nach NT

Interrogāvērunt/Interrogāverant,
  cūr tē

		Sie fragten / hatten gefragt, warum er dich
laudāvisset	VZ	gelobt habe
laudāret	GZ	lobe
laudātūrus esset.	NZ	loben werde / wolle.

E Ein PPP bezeichnet manchmal die GZ (resultatives Perfekt) (bei Deponentien: § 80).

Servī lapidibus onerātī gemēbant.   Die Sklaven stöhnten unter der Last der Steine / weil sie mit Steinen beladen waren / weil sie Steine trugen.

63

Modus §§ 73–77

§ 73   Funktion des Modus

Der Modus eines Verbs lässt erkennen, welche Gültigkeit die Aussage haben soll (d.h. die Einstellung des Verfassers zur eigenen Aussage):

Der Indikativ   ist der Modus der feststellenden Aussage. Er soll darstellen, wie etwas wirklich ist, war oder sein wird.

Der Imperativ   ist der Modus des Befehls. Er soll darstellen, wie etwas sein soll, welche Veränderung eintreten soll.

Der Konjunktiv   ist der Modus der Vorstellung. Er soll einen Abstand des Verfassers zur Aussage darstellen, d.h. Vorbehalte, Fragen und Zweifel, Wünsche und Absichten, überhaupt Möglichkeiten, mit denen er neben der Wirklichkeit rechnet.

> Verneinung: *nōn* steht in feststellenden Aussagen,
> *nē*   bei Befehlen, Wünschen, Absichten.

§ 74   Indikativ und Imperativ

Lateinische Indikative und Imperative entsprechen weitgehend den deutschen. Jedoch stehen Ausdrücke mit *beinahe* oder *sollen, müssen, können* gewöhnlich im lateinischen Indikativ, dagegen oft im deutschen Konjunktiv.

Paene cecidī.	Beinahe wäre ich gefallen.
Nōn suscipī bellum oportuit.	Der Krieg hätte nicht begonnen werden dürfen.

Der verneinte Imperativ wird mit *nōlle* umschrieben oder durch den Konjunktiv Perfekt mit *nē* ersetzt (Coniunctivus prohibitivus). (Das Perfekt gibt hier nicht die Zeitstufe an; darum Übersetzung mit Imperativ Präsens).

Nōlī mē tangere.	Berühr mich nicht!
Nē mē tetigeris.	Berühr mich nicht!

§ 75   Konjunktiv im Hauptsatz

A   Die Namen des Konjunktivs werden nach Haupt- und Gliedsätzen unterschieden. Im Hauptsatz bezeichnet der Konjunktiv ein überlegendes Fragen, eine Aufforderung oder einen Wunsch, schließlich die Möglichkeit und die Nichtwirklichkeit der Aussage.

B Coniunctivus deliberativus (dubitativus)

Überlegendes Fragen
Übers.: *sollen*

Quid faciam? (Präs.: Ggw.)	Was soll ich tun?
Quid facerem? (Ipf.: Vgh.)	Was hätte ich tun sollen?

C 1. Pers. Pl.: Coniunctivus adhortativus Verneinung:
3. Pers. Sg./Pl.: Coniunctivus iussivus *nē*

Aufforderung, Ermunterung (ohne die Schärfe des Befehls)
Übers.: *wir wollen! / lasst uns! (lass uns)*
er/sie soll / sollen / dt. Konjunktiv

Eāmus. Nē maneāmus.	Wir wollen gehen! Lasst uns nicht bleiben!
Fīat lūx.	Es werde Licht! / Es soll Licht werden!

D Coniunctivus optativus Verneinung *nē*

Wunsch (oft durch *utinam* eingeleitet)
Übers.: Konjunktiv; *möge(n); wenn doch! hoffentlich!*

Utinam propitius sīs.	Sei doch gnädig! Mögest du doch gnädig sein!
	Hoffentlich bist du gnädig!
Nē terreāmur rēbus adversīs.	Hoffentlich werden wir nicht durch Unglück erschreckt!

Wenn Wünsche unerfüllbar gedacht sind, stehen sie im Tempus des entsprechenden irrealen Konjunktivs.

Utinam amīcus adesset.	Ach, wenn mein Freund doch hier wäre!
Utinam nē domī mānsisset.	Wenn er doch nicht zu Hause geblieben wäre!

E Coniunctivus potentialis Verneinung: *nōn*
(Präsens oder Perfekt, das
hier nicht die Zeitstufe angibt)

Aussage über eine mögliche Wirklichkeit
Übers.: *dürfen; können; mögen; werden; wohl, vielleicht, gewiss* (*sī*- und
nisī-Sätze werden mit dem Indikativ übersetzt)

Sī hoc dīcās, errēs.	Wenn du dies sagst, irrst du wohl / gewiss /
Sī hoc dīxeris, errāveris.	könntest / wirst du irren.

65

F   Coniunctivus irrealis   Verneinung: *nōn*

Aussage über eine Nichtwirklichkeit
Übers.: Konjunktiv II

Irrealis der Gegenwart	lt./dt.: Konj. Ipf./Prät.
Sī hoc dīcerēs, errārēs.	Wenn du dies sagtest, irrtest du (würdest du irren).

Irrealis der Vergangenheit	lt./dt.: Konj. Plpf.
Sī tacuissēs, philosophus mānsissēs.	Wenn du geschwiegen hättest, wärst du ein Philosoph geblieben.

G   Coniunctivus prohibitivus: § 74

§ 76   Konjunktiv im Gliedsatz

A   In Gliedsätzen hat der lateinische Konjunktiv fast überall dieselben Funktionen wie in den Hauptsätzen. In der Übersetzung steht der deutsche Indikativ oder auch der Infinitiv, der deutsche Konjunktiv nur in der indirekten Rede und im Irrealis.

B   Coniunctivus finalis   Verneinung: *nē*
      (optativus)

Wunsch, Absicht, Zweck

Übers.:

in	Objektsätzen des	*dass*	+ Indikativ
	Begehrens	*zu*	+ Infinitiv
in	Adverbialsätzen der	*damit*	+ Indikativ
	Absicht / des Zwecks	*um ... zu*	+ Infinitiv (bei gleichem Subjekt)

Ōrāmus tē, ut fābulam narrēs.	Wir bitten dich, (dass du eine Geschichte erzählst) eine Geschichte zu erzählen
Postulāvit, nē clāmārent.	(Er forderte, dass sie nicht schrien.) Er forderte sie auf, nicht zu schreien.
Dō, ut dēs.	Ich gebe, damit du gibst.
Gāius, nē tempus cōnsūmerētur, statim profectus est.	Gajus brach, um keine Zeit zu verlieren, sofort auf.

C   Der Konjunktiv des Wunsches steht auch bei

timēre, nē	fürchten, dass

und vergleichbaren Ausdrücken.

Übers.: meist Indikativ

Timeō, nē magister nōs vituperet.	Ich fürchte, dass der Lehrer uns tadelt.
Nautae verēbantur / Perīculum erat, nē nāvis frangerētur.	Die Seeleute fürchteten / Es bestand die Gefahr, dass das Schiff scheiterte.

Dass es sich hier um den Coniunctivus optativus handelt, macht eine Umstellung klar:

Nē magister nōs vituperet! Sed timeō.	Hoffentlich tadelt uns der Lehrer nicht! Aber ich fürchte es.

Dieser Konjunktiv steht auch in Konzessivsätzen (der Einräumung).

Ut dēsint vīrēs, tamen est laudanda voluntās.	Obwohl / Auch wenn die Kräfte fehlen, muss man doch die Absicht loben.

D   Coniunctivus obliquus

Vorbehalt bei der Wiedergabe fremder Äußerungen und Meinungen – besonders in indirekter Rede und indirekten Fragen
Übers.: Konjunktiv I (oder ein passendes Adverb)

Mārcus amīcum, postquam dē arbore cecidisset, quae in hortō esset, flēvisse narrāvit.	Markus erzählte, sein Freund habe, nachdem er von dem Baum gefallen sei, der im Garten stehe, geweint.
Ille quaesīvit, cūr anxiī essent.	Jener fragte, warum sie ängstlich seien.
Aristīdes expulsus est, quod praeter modum iūstus esset.	Aristides wurde verbannt, weil er angeblich extrem gerecht war.

E   Coniunctivus subiunctivus

Ausdruck der Unterordnung eines Gliedsatzes
Übers.: durchweg Indikativ

Cum Caesar iam cōnsēdisset, Brūtus appāruit.	Als Caesar sich eben hingesetzt hatte, erschien Brutus.
Caesar, cum / quamvīs magnō in timōre esset, tamen domī nōn mānsit.	Obwohl Caesars Angst groß war, blieb er dennoch nicht zu Hause.

F   Der subjunktive Konjunktiv steht auch in Konsekutivsätzen (sie enthalten eine nicht beabsichtigte Folge) und in Subjektsätzen mit *ut*. Verneinung: *nōn*

Leō ita territus est, ut (nōn) fugeret.	Der Löwe erschrak so, dass er (nicht) weglief.
Accidit, ut Caesar inter coniūrātōs Brūtum cōnspiceret.	Es geschah, dass Caesar unter den Verschwörern Brutus erblickte.

§ 77 Konjunktiv in Relativsätzen

In Relativsätzen kann der Konjunktiv einen adverbialen Nebensinn bezeichnen. In der Übersetzung steht der Indikativ in einem
- Relativsatz mit passenden Adverbien oder Hilfsverben
- entsprechenden Adverbialsatz.

final

Mīsit, quī id dīcerent.	Er schickte <Leute>, die das sagen sollten / damit sie das sagten.

kausal

Amant tē mulierēs, quī sīs tam pulcher.	Dich lieben die Frauen, der du ja so schön bist / weil du so schön bist.

konsekutiv

Sunt, quī id negent.	Es gibt <Leute>, die das leugnen (von der Art, dass sie das leugnen).
Dīgnī sunt, quibus auxilium ferāmus.	Sie sind es wert, dass wir ihnen helfen. / Sie verdienen es, von uns unterstützt zu werden.
Nihil est, quod nōn (= quīn) pereat.	Es gibt nichts, was nicht vergeht.

§ 78 Genus verbi

Es steht im Ermessen des Verfassers, ob er eine Handlung oder ein Geschehen im Aktiv oder im Passiv erzählt. Das Aktiv betont die handelnde Person, das Passiv die Tätigkeit und die von ihr betroffene Person.
Persönliches Passiv nennt man ein Passiv, das eine Person als Subjekt hat (z.B. *ich / sie*). Wenn diese Person fehlt, also sozusagen ein *es* vom Passiv betroffen ist, spricht man von unpersönlichem Passiv.

persönliches Passiv

Mārcus ā patre laudātur.	Markus wird von seinem Vater gelobt.

unpersönliches Passiv

Diū pūgnātum est.	Es wurde lange gekämpft. / Man kämpfte lange.

Persönliches und unpersönliches Passiv entsprechen sich nicht bei allen lateinischen und deutschen Verben:

Adiuvor.	Es wird mir geholfen.
Mihi persuādētur.	Ich werde überredet / überzeugt.

§ 79 Zur Übersetzung des lateinischen Passivs

Im Deutschen ist das Passiv seltener als im Lateinischen. Oft wird darum das lateinische Passiv durch das deutsche Aktiv übersetzt.

Amīcī ā Gāiō Rōmam ductī sunt.	Gajus nahm die Freunde nach Rom mit.
Puellae vidēbantur.	Man sah die Mädchen. / Die Mädchen ließen sich sehen. / Die Mädchen erschienen / wurden sichtbar.
Clāmor tollitur.	Lärm erhebt sich / bricht aus.
Lavābātur in vīllā.	Er badete sich / badete / nahm ein Bad in seinem Landhaus.

Zum deutschen Passiv vgl. auch § 117.

§ 80 Deponentien

A   Deponentien heißen die Verben, die (fast) nur passive Formen haben, jedoch ihrer Bedeutung entsprechend mit dem Aktiv übersetzt werden müssen. Oft haben sie sogar ein Akkusativobjekt neben sich (wie aktive Verben).

cōnārī	versuchen
Dolōrēs patimur.	Wir ertragen die Schmerzen.
Amīcōs secūtī sunt.	Sie folgten ihren Freunden.

Aktive Formen sind nur PPA, PFA und die nd-Form (Gerundium):

Vīvant sequentēs.	Die <uns> folgen, sollen hochleben!
Moritūrī tē salūtant.	Sie grüßen dich, obwohl sie sterben sollen.
cūnctandō	durch Zögern

Nur die nd-esse-Gruppe (Gerundivum) hat passive Bedeutung:

Dolōrēs sunt patiendī.	Schmerzen müssen ausgehalten werden.

Wichtig:

Das Partizip Perfekt eines Deponens bezeichnet neben der Vorzeitigkeit oft auch die Gleichzeitigkeit:

Amīcus scālīs ūsus arborem ascendit.	Mein Freund stieg auf einer Leiter / indem er eine Leiter benutzte, auf den Baum.

B   Ein passives Verb kann man auch als Deponens behandeln.

Clāmor tollitur.	Lärm bricht aus.
Lavābātur in flūmine.	Er badete im Fluss.

69

§ 81   Semideponentien

Semideponens (Halbdeponens) heißt ein Verb, das nur in bestimmten Tempora Deponens ist. Die meisten Semideponentien sind nur im Perfektstamm Deponentien.

audeō	ausus sum	audēre	wagen
gaudeō	gavīsus sum	gaudēre	sich freuen
soleō	solitus sum	solēre	gewohnt sein; pflegen
cōnfīdō	cōnfīsus sum	cōnfīdere	vertrauen

Das Semideponens *revertī zurückkehren* ist Deponens nur im Präsensstamm und bildet sonst aktive Formen – z. B.

revertitur er kehrt zurück; revertētur er wird zurückkehren; ut reverterētur damit er zurückkehrte – aber: revertērunt sie kehrten zurück; reverterant sie waren zurückgekehrt.

Bei *fierī gemacht werden; geschehen* (nur Präsensstamm) ist nur der Infinitiv Deponens; sonst nur aktive Formen – z. B.

fit es wird gemacht; fīet es wird gemacht werden; ut fīeret damit es gemacht wurde.

nd-Formen §§ 82–87

§ 82   nd-Formen: Deklination

A   Eine nd-Form ist eine deklinierte Verbform mit dem Kennzeichen *-nd-*. Die nd-Form ist ein Verbaladjektiv (auch: Gerundivum), wenn sie ein Beziehungswort (Substantiv oder Pronomen) in KNG-Kongruenz hat; andernfalls ist sie ein Verbalsubstantiv (auch: Gerundium). Eine nd-Form wird zwar dekliniert, ist jedoch auch Verbform, da sie Objekte und adverbiale Bestimmungen neben sich haben kann.

B Übersicht: nd-Formen

Typ I	Typ II			Typ III		
Verbalsubstantiv ohne KNG-Kongruenz nur Sg. n.				Verbaladjektiv mit KNG-Kongruenz (nd-Gruppe) Sg. und Pl., m. f. n. – nicht in allen Kasus		
laudandī (laudandō) ad laudandum laudandō	laudandī (laudandō) ad laudandum laudandō	laudandae (laudandae) ad laudandam laudandā	laudandī (laudandō) ad laudandum laudandō	laudandus laudandum laudandī laudandōs	laudanda laudandam laudandae laudandās	laudandum laudandum laudanda laudanda
	laudandōrum (laudandīs) ad laudandōs laudandīs	laudandārum (laudandīs) ad laudandās laudandīs	laudandōrum (laudandīs) ad laudandā laudandīs			

Der Dativ ist selten.

71

§ 83   nd-Formen: Typen und Funktionen

	Typ I	Typ II	Typ III
Formen	nd-Form ars legendī die Kunst zu lesen	nd-Gruppe ars librōrum legendōrum die Kunst, Bücher zu lesen	nd-esse-Gruppe Hī librī legendī sunt. Diese Bücher müssen gelesen werden. / Man muss diese Bücher lesen.
Funktion im Satz	alle Kasus aber nicht: Nominativ oder Akkusativ ohne *ad*	Genitivattribut oder adverbiale Bestimmung	nur Nominativ oder Akkusativ im aci (also ohne *ad*) Typ III ist grammatisch Passiv. Übersetzung möglichst mit Aktiv Prädikatsnomen immer in KNG-Kongruenz mit dem Subjekt (Nominativsubjekt oder – im aci – Akkusativsubjekt)
Übersetzung	Substantiv Infinitiv Gliedsatz		*müssen* + Aktiv verneint: *nicht dürfen* + Aktiv

§ 84 Typ I und Typ II: Beispiele

Typ I: nd-Form	Typ II: nd-Gruppe

Gen.:   ars legendī
         die Kunst des Lesens/
         die Kunst zu lesen/
         die Lesekunst

     ars librōs legendī   ars librōrum legendōrum
         die Kunst des Bücherlesens /
         die Kunst, Bücher zu lesen

     legendī causā   lēgis scrībendae causā
         des Lesens wegen /   wegen der Abfassung eines Gesetzes /
         um zu lesen   um ein Gesetz abzufassen

                             meī / suī pūrgandī causā
                             zu meiner / seiner (ihrer) Entschuldi-
                             gung / um mich / sich zu entschuldigen

Dat. (selten):   trēsvirī colōniae dēdūcendae
                             Dreimännerkollegium zur Gründung
                             einer Kolonie

ad + Akk.:   ad legendum   ad oppida condenda
            zum Lesen /   zu Städtegründungen /
            um zu lesen   um Städte zu gründen

Abl.:   librōs legendō   oppidīs condendīs
            durch Bücherlesen /   durch Städtegründungen /
            dadurch, dass er* Bücher   dadurch, dass er* Städte
            liest* / las*   gründet* / gründete*

            in legendō   in oppidīs condendīs
            beim Lesen /   beim Gründen von Städten /
            während er* liest* /   während er* Städte gründet* /
            las*   gründete*

* Subjekt und Tempus müssen aus dem finiten Verb erschlossen werden.

§ 85 Typ III: Beispiele

nd-esse-Gruppen stehen im Nominativ oder im Akkusativ ohne *ad*. Die Person, die handeln muss oder nicht handeln darf, steht im Lateinischen im Dativ. In der Übersetzung mit dem Aktiv wird sie zum Nominativsubjekt.

Pacta sunt servanda.	Verträge müssen gehalten werden. / Verträge muss man halten.
Pacta nōbīs sunt servanda.	Wir müssen die Verträge halten.
Tum vōbīs tacendum erat.	Damals musstet ihr schweigen.
Nāvis vōbīs nōn est relinquenda.	Ihr dürft das Schiff nicht verlassen.

Nautae nāvem esse relinquendam   Die Seeleute erkannten, dass sie das
cognōvērunt.   Schiff verlassen mussten.

Im aci fehlt *esse* neben der nd-Form meist.

Nautae nāviculam sibi cōnscendendam   Die Seeleute riefen, sie müssten das Ret-
clāmābant.   tungsboot besteigen.

§ 86 nd-Formen: Absicht und Erlaubnis

Neben Verben wie *trādere übergeben, relinquere überlassen, cūrāre besor-
gen* gibt die nd-Form die beabsichtigte oder erlaubte Handlung an. Hier wird
ohne *müssen* oder *dürfen* dem Sinn entsprechend übersetzt.

Mercātor nāvem pīrātīs dīripiendam   Der Kaufmann (gab) überließ das Schiff
dedit.   den Piraten zur Plünderung.

Pīrātae captīvōs vendendōs cūrāvērunt. Die Piraten sorgten dafür, dass die
                                        Gefangenen verkauft wurden / besorgten
                                        den Verkauf der Gefangenen.

§ 87 Zur Übersetzung der nd-Formen Typ I und Typ II

So eine nd-Form übersetzt man am besten mit einem Infinitiv oder einem
Gliedsatz. Wenn man sie mit einem Substantiv übersetzt, verändert sich ein
Adverb oder ein Objekt:

lateinisch		deutsch
nd-Form	⟶	Substantiv
Adverb	⟶	Attribut
Objekt / Beziehungswort	⟶	Genitiv

ars *bonōs librōs dīligenter* legendī   die Kunst des *sorgfältigen Lesens guter
                                            Bücher* (besser: die Kunst, gute Bücher
                                            sorgfältig zu lesen)

in *altīs turribus celeriter* exstruendīs   bei der *schnellen* Errichtung *hoher Türme*
                                            (während sie schnell hohe Türme errich-
                                            teten) (zu *Errichtung*: Die nd-Form *ex-
                                            struendīs* ist dominant, also gewichtiger
                                            als *turribus*. Also nicht: in hohen Türmen,
                                            die …!)
                                            Dominanz: § 101

Sätze – Satzglieder

88 Satzglieder

Ein Satz kann grundsätzlich in Satzgegenstand und Satzaussage zerlegt werden: Worüber wird etwas ausgesagt? Was wird ausgesagt? Bei weiterer Zerlegung zeichnen sich weitere Satzglieder ab, die aus einem oder mehreren Wörtern bestehen. Diese Satzglieder geben die Antworten auf bestimmte Fragen, die man an den Satz richten kann.

Folgendes Schema soll einen allgemeinen Überblick geben:

Frage	Leistung (Funktion): Angegeben wird	Satzglied
Wer oder was?	der Satzgegenstand, über den etwas ausgesagt wird	Subjekt
Was tut das Subjekt? Was geschieht?	die Satzaussage, die im Verb steckt	Prädikat
Wen oder was?	die Person oder Sache, auf die die Tätigkeit sich richtet	Akkusativobjekt
Wem? / Für wen?	die Person oder Sache, der die Tätigkeit nützt oder schadet oder nahe ist oder für die die Tätigkeit interessant ist	Dativobjekt
Wie? / Unter welchen Umständen?	die Zeit, der Grund, der Zweck, die Folge, die Bedingung usw. der Tätigkeit	adverbiale Bestimmung

Als Erläuterung eines Substantivs ist ein Attribut nur ein Teil eines Satzglieds:

Wodurch näher erläutert?	eine Eigenschaft oder eine Beziehung, die ein Substantiv näher erläutert	Attribut

Die Satzglieder können verschieden besetzt sein (verschiedene Füllungen haben) – d.h., es können verschiedene Wortarten oder Gliedsätze vorkommen.

§ 89   Subjekt kann sein

Substantiv / Pronomen

Spēs saepe fallit.	Die Hoffnung täuscht oft.
Ipse venit.	Er kommt selbst.

Infinitiv / aci

Errāre hūmānum est.	Irren ist menschlich.
Servōs pārēre oportet.	Es gehört sich, dass Sklaven gehorchen.

Gliedsatz (Relativsatz; indirekter Fragesatz): Subjektsatz

Quod fert fortūna, ferrī dēbet.	Was das Schicksal bringt, muss ertragen werden.
Quid sentiās, mihi īgnōtum est.	Was du fühlst, ist mir unbekannt.

Ein Subjektwort fehlt, wenn das Subjekt erschlossen werden kann:

(Quid faciunt tuī servī?)	(Was machen deine Sklaven?)
Labōrant.	Sie arbeiten.

§ 90   Prädikat kann sein

finites Verb

Fābulae placent.	Geschichten gefallen.

Infinitiv (im aci)

Fābulās placēre scīmus.	Wir wissen, dass Geschichten gefallen.

Infinitiv in historischer Erzählung (statt des Indikativs): infinitivus historicus

Merīdiēs erat. Subitō Gāius venīre, servōs vocāre, labōrēs imperāre. statt: vēnit, vocāvit, imperāvit	Es war Mittag. Plötzlich kam Gajus, rief die Sklaven und trug ihnen Arbeiten auf.

Form von *esse* (Kopula) mit einem Prädikatsnomen (Adjektiv oder Substantiv); Substantiv im Genitiv, Dativ oder Ablativ

Gāius laetus est.	Gajus ist fröhlich.
Mārcus et Lūcius amīcī sunt.	Markus und Lucius sind Freunde.
Huic mercātōrī nāvis est.	Diesem Kaufmann gehört ein Schiff.
Haec statua	Diese Statue
magnae pulchritūdinis	(ist von großer Schönheit)
magnā pulchritūdine	ist sehr schön.
est.	

Partizip (verborgenes Prädikat)

Delphīnus puerō natantī appāruit. (PP)	Während der Junge schwamm, erschien ihm ein Delfin.
Multīs nāvibus āmissīs mercātōrēs rediērunt. (AmP)	Viele Schiffe waren verloren gegangen und darum kehrten die Kaufleute zurück.

91 Objekt kann sein

Substantiv / Pronomen als Akkusativobjekt

Fābulās audīmus.	Wir hören Geschichten.
Eōs videō.	Ich sehe sie.

Infinitiv / aci

Equitāre cupiō.	Ich möchte reiten.
Nūntiāte mē adesse.	Meldet, dass ich da bin!

Gliedsatz (Relativsatz; indirekter Fragesatz): Objektsatz

Quod fert fortūna, fer.	Was das Schicksal bringt, ertrage!
Cūr id faciās, nesciō.	Warum du das tust, weiß ich nicht.

Genitiv oder Ablativ bei einigen Verben

Mortuōrum nōn oblīvīscimur.	Die Toten vergessen wir nicht.
Saepe currū, interdum nāve ūtimur.	Oft benutzen wir einen Wagen, manchmal ein Schiff.

92 Adverbiale Bestimmung (Adverb = „zum Verb") kann sein

Adverb

Libenter lūdimus.	Wir spielen gern.

Ablativ / Akkusativ

Ōstiā Rōmam dūcimur.	Wir werden von Ostia nach Rom geführt.
Pilā lūdimus.	Wir spielen (mit dem) Ball.

präpositionaler Ausdruck

Ē vīllā in hortum venīte.	Kommt aus dem Haus in den Garten!

Gliedsatz (Konjunktionalsatz): Adverbialsatz

Rōmulus, postquam Rōmam condidit, Sabīnōs invītāvit.	Nachdem Romulus Rom gegründet hatte, lud er die Sabiner ein.

AmP

Multīs nāvibus āmissīs mercātōrēs rediērunt.	Nachdem viele Schiffe verloren gegangen waren, kehrten die Kaufleute zurück.

77

§ 93   Attribut kann sein

Adjektiv

Amīcus certus in rē incertā cernitur.   Einen treuen Freund erkennt man in einer
                                               kritischen Situation.

Apposition (attributives Substantiv im selben Kasus wie das Beziehungswort; im Deutschen meist vorangestellt)

Gāius agricola   der Bauer Gajus
cum Valeriā uxōre   mit seiner Frau Valeria

Genitivattribut   Übersetzung auch mit zusammenge-
                                               setztem Substantiv

stabulum equōrum   Stall der Pferde / Pferdestall
ars vīvendī   die Kunst zu leben / die Lebenskunst

präpositionales Attribut

homō dē plēbe   ein Mann aus dem Volk

Gliedsatz (Relativsatz): Attributsatz
īnsula, quae in ōceanō sita est   eine Insel, die im Ozean liegt / eine Insel
                                               im Ozean

§ 94   Besetzung der Satzglieder

Alle Satzglieder können durch einzelne Wörter oder Wortgruppen besetzt
sein, jedoch (außer dem Prädikat) auch durch Gliedsätze oder durch Pronomina und andere Stellvertreter.

Beispiel:

Amīcī rēgis prōnūntiābant reditum   Die Begleiter des Königs verkündeten die
speculātōrum sub montibus.   Rückkehr der Kundschafter am Fuß der
                                               Berge.

Satzglied	Wörter, Wortgruppen	Sätze / Satzwertiges	Stellvertreter
Subjekt	Amīcī rēgīs	Quī rēgem sequēbantur,	Illī
Prädikat	prōnūntiābant		
Objekt	reditum	redīsse eōs,	eum / id
Attribut	speculātōrum	quōs praemīserant,	eōrum <reditum>
adverbiale Bestimmung	sub montibus.	ubī montēs cōnspēxērunt.	ibī.
Subjekt	Die Begleiter des Königs	Die den König begleiteten,	Sie
Prädikat	verkündeten		
Objekt	die Rückkehr	dass <die Männer> zurückgekehrt waren,	sie (die Rückkehr) / es
Attribut	der Kundschafter	die sie vorweggeschickt hatten,	ihre <Rückkehr>
adverbiale Bestimmung	am Fuß der Berge.	wo die Berge in Sicht kamen.	dort.

95 Adverbialsätze

Adverbialsätze sind Gliedsätze. Wie eine adverbiale Bestimmung erläutern sie das Verb. Sie geben einen Begleitumstand der Handlung oder des Geschehens an – also den Grund oder die Zeit, die Bedingung oder eine Einräumung (d.h. einen unwirksamen Gegengrund), einen Vergleich oder die Art und Weise, den Zweck oder die Folge. Diese Beziehung zwischen dem Verb und dem Adverbialsatz heißt gedankliche Fügung. Sie wird durch die Konjunktion am Anfang des Adverbialsatzes angegeben (darum auch: Konjunktionalsatz).

79

§ 96   Adverbialsätze: Übersicht

Konjunktion (Subjunktion)	Frage	Inhalt des Gliedsatzes	Bezeichnung des Gliedsatzes
	gedankliche Fügung		
quod, quia weil; da	Warum?	Grund causa	Kausalsatz
dum während ubī sobald; als	Wann?	Zeit tempus	Temporalsatz
postquam nachdem antequam bevor			
sī wenn nisī wenn nicht	Unter welcher Bedingung	Bedingung condiciō	Konditionalsatz
quamquam obwohl	Welchem Umstand zum Trotz?	Einräumung concessiō	Konzessivsatz
ut, sīcut wie	Wie?	Vergleich comparātiō	Komparativsatz
		Art und Weise modus	Modalsatz
ut damit; um ... zu nē damit nicht; um ... nicht zu	Wozu?	Zweck, Absicht fīnis	Finalsatz
ut (so)dass ut nōn (so)dass nicht	Mit welcher Folge?	Folge cōnsecūtiō	Konsekutivsatz

Im lateinischen Konjunktiv stehen
– Konzessivsätze mit *quamvīs*
– Final- und Konsekutivsätze
– indirekte Fragesätze und
– alle GS in der indirekten Rede
– (*cum*-Sätze: § 113; *ut*-Sätze: § 114).

In der deutschen Übersetzung steht
– Indikativ oder Infinitiv
– Konjunktiv nur in der indirekten Rede und im Irrealis.

97   Adverbialsätze: Beispiele

kausal

Gāius, quod sevērus est, nōn amātur.	Weil Gajus streng ist, wird er nicht geliebt.

temporal

Amīcī, postquam tōtam urbem spectāvērunt, domum revertērunt.	Nachdem die Freunde ganz Rom besichtigt hatten, kehrten sie nach Hause zurück.

konditional

Sī hoc dīcis, errās.	Wenn du dies sagst, irrst du.

konzessiv

Quamquam pater vocāvit, Mārcus nōn venit.	Obwohl der Vater gerufen hat, kommt Markus nicht.

komparativ / modal

Amīcōsne invītāvistī, ut imperāvī?	Hast du die Freunde eingeladen, wie ich <es dir> befohlen habe?

final

Dō, ut dēs.	Ich gebe, damit du gibst.

konsekutiv

Ita territus sum, ut nōn fugiam.	Ich bin so erschrocken, dass ich nicht weglaufe.

98   Stellung der Adverbialsätze

Ein Adverbialsatz steht im Deutschen am Satzanfang oder am Satzende oder hinter dem finiten Verb –

Gāius, quod dominus sevērus est, nōn amātur.	Weil Gajus ein strenger Herr ist, wird er nicht geliebt. Gajus wird nicht geliebt, weil er ein strenger Herr ist. Gajus wird, weil er ein strenger Herr ist, nicht geliebt.

aber nicht – wie im Lateinischen möglich – gleich hinter dem Subjekt, also nicht

	Gajus, weil er ein strenger Herr ist, wird nicht geliebt.

81

§ 99   Prädikativum

A   Prädikativum heißt ein Satzglied, das die Funktionen von Attribut und Adverb vereinigt.

Cicerō cōnsul coniūrātiōnem Catilīnae dētexit.	Cicero deckte als Konsul /, als er Konsul war, / während seines Konsulats die Verschwörung Catilinas auf.
Hunc montem Gallī occupāvērunt prīmum.	Diesen Berg besetzten die Gallier als ersten / zuerst.

Prädikativ stehen Substantive, Adjektive und Partizipien. Sie nennen eine Eigenschaft ihres Beziehungswortes, mit dem sie – wie ein Attribut – in KNG-Kongruenz stehen, geben zugleich aber auch einen Begleitumstand der Handlung an. Begleitumstände sind z. B. Zeit, Grund, Einräumung (temporales, kausales, konzessives Prädikativum). Die Art des Begleitumstandes, die gedankliche Fügung, muss jeweils aus dem Zusammenhang erschlossen werden. Oben wäre z. B. auch möglich:

> Cicero deckte die Verschwörung auf, weil / obwohl er Konsul war.

B   Das Ergebnis der Handlung steht als Prädikativum neben Verben wie *nōmināre nennen, creāre wählen als, facere machen zu*:

Rōmānī Cicerōnem patrem patriae vocāvērunt.	Die Römer nannten Cicero Vater des Vaterlandes.
Gladiātōrēs Spartacum ducem creāvērunt.	Die Gladiatoren wählten Spartacus als Führer.

C   Das Prädikativum ist zu unterscheiden vom

– Adverb, das nur die Art und Weise der Handlung bezeichnet
– Attribut, das nur die Eigenschaft seines Beziehungswortes angibt, ohne Beziehung zur Handlung. Im Gegensatz zum Prädikativum gibt das Attribut eine meist andauernde Eigenschaft an.

Adverb:

Mārcus prīmum edit, deinde ambulat.	Zuerst isst Markus, dann geht er spazieren.

Attribut:

Prīmus digitus pollex est, secundus index.	Der erste Finger ist der Daumen, der zweite der Zeigefinger.

Prädikativum

Mārcus prīmus advenit, Lūcius secundus.	Markus kommt als Erster an, Lucius als Zweiter.

D Bei einigen Adjektiven unterscheidet man attributive und prädikative Stellung und Bedeutung (attributiv: nur Erläuterung des Beziehungswortes; prädikativ: auch Erläuterung des Prädikats). Das muss in der Übersetzung beachtet werden.

attributiv:

in summō monte	auf dem höchsten Berg (von mehreren Bergen)
in mediā īnsulā	auf der mittleren Insel (es gibt mehrere Inseln)

prädikativ:

summō in monte	oben auf dem Berg / auf dem Berggipfel (es gibt nur einen Berg)
mediā in īnsulā	mitten auf der Insel / in der Inselmitte (es gibt da nur eine Insel)

100 Prädikative Partizipien (PP)

A Ein prädikatives Partizip (PP) macht eine Aussage über sein Beziehungswort (in KNG-Kongruenz) und gibt zugleich einen Begleitumstand der Handlung an – z.B. die Zeit oder den Grund. Diese gedankliche Fügung muss aus dem Kontext erschlossen und in der Übersetzung ausgedrückt werden. – Ein PP enthält verborgen ein Prädikat – auch darum heißt es Prädikativum.

B Lateinische Partizipien stehen besonders oft prädikativ. Im Deutschen sind PP viel seltener. Darum wird ein Partizip in der Übersetzung meist ersetzt und zwar durch

U = Unterordnung	Gliedsatz mit Konjunktion lt. PP → dt. GS-Prädikat
E = Einordnung	Substantiv mit Präposition lt. PP → dt. Substantiv
B = Beiordnung	*und* + Adverb lt. PP → dt. Prädikat + *und* + Adverb

So ergeben sich für die Übersetzung grundsätzlich die folgenden Möglichkeiten:

gedankliche Fügung	U mit Konjunktion	E Substantiv mit Präposition	B mit *und* + Adverb
temporal	während; nachdem; als	während; nach	und dabei; und währenddessen; und dann; und danach
kausal	weil; da	wegen; aus; infolge	und darum; und deshalb
konzessiv	obwohl; obgleich	trotz	und trotzdem; und dennoch
modal	indem; wobei	unter; bei	und dabei

Das Beziehungswort und das PP verhalten sich zueinander wie Subjekt und Prädikat: Sie bilden eine satzwertige Wortgruppe. In der Übersetzung mit Unterordnung wird das Beziehungswort zweimal übersetzt (an der zweiten Stelle mit dem Pronomen) – an seiner eigenen Stelle und im Gliedsatz (bei wörtlicher Übersetzung als Subjekt).

C   Das Tempus des Partizips bezeichnet das Zeitverhältnis.

Partizip	Tempus	Zeitverhältnis	
PPP	Perfekt	Vorzeitigkeit	VZ
PPA	Präsens	Gleichzeitigkeit	GZ
PFA	Futur	Nachzeitigkeit	NZ

D   Beispiele:

vorzeitig – hier: temporal

Caesar ā Gallīs vocātus in Galliam properāvit.

U Nachdem Caesar von den Galliern zu Hilfe gerufen worden war, eilte er nach Gallien.

E Caesar eilte nach dem Hilferuf der Gallier nach Gallien.

B Caesar wurde von den Galliern zu Hilfe gerufen und eilte darauf nach Gallien.

vorzeitig – hier: kausal

Patria ab hostibus oppressa ā nōbīs dēfenditur.

U Weil unser Land von Feinden überfallen worden ist, wird es von uns verteidigt.

E Unser Land wird wegen eines feindlichen Überfalls von uns verteidigt.

B Unser Land ist von Feinden überfallen worden und wird darum von uns verteidigt.

vorzeitig – hier: konzessiv

Puer ab amīcīs monitus longius prōnatāvit.	**U** Obwohl der Junge von seinen Freunden gewarnt worden war, schwamm er recht weit hinaus.
	E Der Junge schwamm trotz der Warnungen seiner Freunde recht weit hinaus.
	B Der Junge wurde von seinen Freunden gewarnt und schwamm trotzdem recht weit hinaus.

gleichzeitig – hier: temporal

Delphīnus puerō natantī appāruit.	**U** Während der Junge schwamm, erschien ihm ein Delfin.
	E Beim Schwimmen erschien dem Jungen ein Delfin.
	B Der Junge schwamm und dabei erschien ihm ein Delfin.

nachzeitig – hier: konzessiv

Moritūrī tē salūtant.	**U** Sie grüßen dich, obwohl sie sterben sollen.
	E Sie grüßen dich trotz ihres Todesloses.
	B Sie sollen sterben und grüßen dich trotzdem.

E Die wörtliche Übersetzung eines PP mit dem deutschen Partizip klingt selten gut. – Ein Relativsatz gibt die gedankliche Fügung nicht wieder und ist als Übersetzung eines PP weniger geeignet.

Caesar ā Gallīs vocātus in Galliam properāvit.	Caesar, von den Galliern zu Hilfe gerufen, eilte nach Gallien.
	Caesar, der von den Galliern zu Hilfe gerufen worden war, eilte nach Gallien.

101 Dominantes Partizip

Ein Partizip ist dominant, wenn es für die Aussage gewichtiger wirkt als sein Beziehungswort. Es wird mit einem Substantiv übersetzt, dem das Beziehungswort untergeordnet wird.

ante Chrīstum nātum	vor Christi Geburt
Perīculum crēscēns puerum terruit.	Das Wachsen der Gefahr versetzte den Jungen in Schrecken.

§ 102 Ablativ mit Partizip (AmP)

AmP heißt der Wortblock Ablativ mit Partizip. Er ist satzwertig: Der Ablativ
steht als Subjekt, das Partizip als Prädikat (in KNG-Kongruenz). – Ein AmP
erläutert als adverbiale Bestimmung das Prädikat. Die gedankliche Fügung
muss aus dem Kontext erschlossen werden. Das Tempus des Partizips bezeichnet das Zeitverhältnis. Übersetzung: Unterordnung, Einordnung, Bei-
ordnung (UEB § 100 B). – Das Beziehungswort eines PP ist zugleich als
Satzglied im Satz eingebunden – darum auch Participium coniunctum; dagegen steht das Ablativsubjekt eines AmP für sich – darum heißt der AmP
auch Ablativus absolutus (vom Satzganzen losgelöster Ablativ).

vorzeitig – hier: temporal / kausal

Multīs nāvibus āmissīs mercātōrēs rediērunt.	Nachdem / Weil viele Schiffe verloren gegangen waren, kehrten die Kaufleute zurück.

gleichzeitig – hier: temporal / konzessiv

Uxōribus dolentibus mercātōrēs portum rūrsus relīquērunt.	Während / Obwohl die Frauen noch klagten, verließen die Kaufleute den Hafen schon wieder.

§ 103 Zur Übersetzung passiver Partizipien

Wenn ein passives Partizip ein Geschehen bezeichnet, das vom Subjekt des
Satzes ausgeführt wird, übersetzt man das passive Partizip mit dem Aktiv.

im AmP

Hamilcar cēterīs remōtīs fīlium vocāvit.	Nachdem Hamilkar die anderen wegge- schickt hatte, rief er seinen Sohn.

als PP

Hamilcar fīlium ad āram adductum iūrāre iussit.	Hamilkar führte seinen Sohn zum Altar und ließ ihn dann schwören.

§ 104 Nominaler AmP

Das Partizip (Prädikat) in einem AmP kann durch ein Nomen (Adjektiv;
Substantiv) ersetzt sein. Man nennt das Ablativ mit Prädikativum oder no-
minalen AmP. Der Übersetzer kann eine Form von *sein* ergänzen und unter-
oder einordnen.

Hamilcare mortuō Carthāginiēnsēs Alpēs superāvērunt.	Als Hamilkar tot war, / Nach Hamilkars Tod überquerten die Karthager die Alpen.

Orgetorīx M. Messālā M. Pīsōne cōnsulibus coniūrātiōnem fēcit.	Als M. Messala und M. Piso Konsuln waren, / Zur Zeit der Konsuln M. Messala und M. Piso zettelte Orgetorix eine Verschwörung an.

105 aci

Ein aci (accusativus cum infinitivo) ist eine Aussage, deren Subjekt im Akkusativ und deren Prädikat im Infinitiv steht. Der aci steht oft bei den „Kopfverben" *dīcere sagen, vidēre sehen, putāre glauben, sentīre fühlen* und ähnlichen Verben. Er gibt dann als Objekt an, was jemand sagt, sieht usw. Der aci kann auch als Subjekt stehen. Er ist also ein Satzglied, kein Satz (darum nicht in Kommas eingeschlossen). Er ist jedoch satzwertig, weil er Subjekt und Prädikat hat.

aci als Objekt:

Mārcus servum in hortō labōrāre dīcit / videt / putat.	Markus sagt / sieht / glaubt, dass der Sklave im Garten arbeitet.

aci als Subjekt:

Servōs labōrāre oportet.	Es gehört sich, dass Sklaven arbeiten.
Mē in Italiā fuisse tibi nōtum est.	Dass ich in Italien gewesen bin, ist dir bekannt.

106 Übersetzung eines aci

Grundübersetzung ist ein Satz mit *dass*. Besser klingt jedoch oft die Übersetzung mit dem deutschen Konjunktiv I (ohne *dass*) oder mit dem Infinitiv (oft bei *befehlen*) bzw. mit dem deutschen aci (oft bei *sehen, hören* usw.). Manchmal wird der aci auch als selbstständiger Hauptsatz übersetzt.

Mārcus servum in hortō labōrāre dīcit.	Markus behauptet, der Sklave arbeite im Garten. / Nach Markus' Behauptung arbeitet der Sklave im Garten. / Der Sklave – das behauptet Markus – arbeitet im Garten.
Mārcus servum in hortō labōrāre videt.	Markus sieht den Sklaven im Garten arbeiten. / Der Sklave arbeitet, wie Markus sieht, im Garten.
Gāius servōs domum redīre iubet.	Gajus befiehlt den Sklaven, nach Hause zurückzukehren. / Die Sklaven sollen auf Gajus' Befehl nach Hause zurückkehren.
Servōs labōrāre oportet.	Sklaven müssen arbeiten. / Sklaven arbeiten gezwungenermaßen. / Sklaven arbeiten – das gehört sich.

87

§ 107   Zum aci

A   Der aci steht oft als Objekt bei „Kopfverben" mit der

Bedeutung	z. B.
sagen; erzählen	dīcere; narrāre
befehlen; zulassen	iubēre; sinere
wahrnehmen	vidēre; animadvertere; audīre
glauben	putāre; crēdere; exīstimāre
wissen	scīre; nōn īgnōrāre; nōvisse
fühlen	sentīre; gaudēre; dolēre

B   Das Tempus des Infinitivs gibt das Zeitverhältnis zum übergeordneten Verb an (nicht die Zeitstufe).

Mārcus sē id numquam
  fēcisse   (Perf.)
  facere   (Präs.)
  factūrum esse (Fut.)
cōnfīrmāvit.

Markus beteuerte, er
  habe das nie getan (VZ)
  tue das nie   (GZ)
  werde das nie tun. (NZ)

C   Ein Reflexivpronomen im aci ist Stellvertreter des Nominativsubjekts oder des Akkusativsubjekts und darum manchmal nicht eindeutig.

Servus sē in hortō labōrāvisse dīcit; Mārcum sē suō in labōre laesisse addit.

Der Sklave sagt, er (der Sklave) habe im Garten gearbeitet; er fügt hinzu, Markus habe ihn (den Sklaven) / sich (Markus) bei seiner (des Sklaven / Markus') Arbeit verletzt.

Gāius servum suīs dē rēbus saepe sēcum verba facere velle scit.

Gajus weiß, dass der Sklave oft den Wunsch hat, mit ihm / mit sich über seine (Gajus' / des Sklaven) Probleme zu reden. (Herren- oder Sklavenprobleme? Debatte mit Gajus oder Selbstgespräch?)

D   Der Infinitiv *esse* fehlt im aci oft:

Syrus labōrem fīnītum, sē domum itūrum clāmāvit.

Syrus rief, die Arbeit sei beendet, er werde nach Hause gehen.

108 acp

Bei Verben mit der Bedeutung *wahrnehmen* (z.B. *vidēre sehen; audīre hören*) steht statt des aci auch ein Akkusativ mit Partizip: acp (accusativus cum participio). Dadurch wird betont, dass das Subjekt das Geschehen unmittelbar (als Augen- oder Ohrenzeuge) wahrnimmt.

Übers.: wie beim aci

Amīcī etiam puellās in hortum venientēs vidērunt.	Die Freunde sahen, dass / wie auch die Mädchen in den Garten kamen. / Die Freunde sahen auch die Mädchen in den Garten kommen.

109 nci

Der nci (nominativus cum infinitivo) steht wie der aci bei „Kopfverben" (*dīcere sagen; putāre glauben usw.*). Jedoch steht im nci das Subjekt des Infinitivs im Nominativ und das finite „Kopfverb" (das Hauptprädikat) im Passiv (in SP-Kongruenz, also als persönliches Passiv). In der Übersetzung wird dieses persönliche Passiv durch das deutsche unpersönliche Passiv oder durch *man* + Aktiv oder durch *sollen* wiedergegeben.

Cicerō optimus ōrātor esse dīcitur.	Es wird gesagt, dass Cicero der beste Redner ist. / Man sagt, Cicero sei der beste Redner. / Cicero soll der beste Redner sein.
Tum sociī fortissimē pūgnāvisse trāduntur.	Es wird überliefert, dass damals die Verbündeten am tapfersten gekämpft haben. / Man überliefert, damals hätten die Verbündeten am tapfersten gekämpft. / Damals sollen die Verbündeten am tapfersten gekämpft haben.
Amīcissimus tibi esse cognōscor.	Man erkennt, dass ich dein bester Freund bin.

§ 110   Direkte und indirekte Rede

A   Direkte Rede (oratio recta):

Im Text werden Worte wörtlich zitiert. Hinweiszeichen: Anführungsstriche.

Indirekte Rede (oratio obliqua):

Im Text werden Worte nur referiert (ohne Gewähr für den eigentlichen Wortlaut).

B   Übersicht

direkte Rede	indirekte Rede	
	lateinisch	deutsch
Aussage als Hauptsatz Frage Befehl, Aufforderung Gliedsatz	aci Konjunktiv	Konjunktiv (Befehl, Aufforderung mit *sollen*)

Zum Tempus: Im Lateinischen §§ 72; 107; im Deutschen § 119.

C   Im aci bezeichnen *sibi*, *sē*, *suus* usw. (auch *ipse*) das Subjekt eines *dīxit / dīxērunt* o. Ä.; übersetzt wird aber mit *er, sie, sie* bzw. *sein, ihr*. Nur wenn das Reflexivpronomen Stellvertreter des Akkusativsubjekts im aci ist, wird es mit *sich* übersetzt.

Nautae sē in perīculō esse clāmābant et nāvem ipsōs sēcum correptūram.	Die Seeleute riefen, sie (die „Sprecher") seien in Gefahr und das Schiff werde sie mit sich <in die Tiefe> reißen.

Zum Reflexivpronomen allgemein und in den Gliedsätzen der indirekten Rede: § 38.

111 Direkte und indirekte Rede: Beispiel

Nautae clāmābant		Die Seeleute riefen
lateinisch		deutsch
direkte Rede	indirekte Rede	indirekte Rede
Hauptsätze		
Aussage		
Indikativ	**aci**	**Konjunktiv**
Nāvis afflīcta est.	nāvem afflīctam esse	das Schiff sei leckge-schlagen
Mortem ante oculōs habēmus.	sē mortem ante oculōs habēre	sie hätten den Tod vor Augen
Nāvis interībit atque nōs sēcum corripiet.	nāvem interitūram atque ipsōs sēcum correptūram [esse]	das Schiff werde sinken und sie mit sich reißen
Frage		
Indikativ	**Konjunktiv**	**Konjunktiv**
Quis gubernatorem vīdit?	quis gubernātōrem vīdisset	wer den Steuermann gesehen habe
Ubī nāvicula est?	ubī nāvicula esset	wo das Rettungsboot sei
Quī deus nōs servābit?	quī deus sē servātūrus esset	welcher Gott sie noch retten werde
Befehl; Aufforderung		
Imperativ	**Konjunktiv**	**Konjunktiv** von *sollen, mögen, dürfen* usw.
Dīc / Dīcite.	dīceret / dīcerent	er solle reden / sie sollten reden
Nōlī dēspērāre. / Nōlīte dēspērāre.	nē dēspērāret / nē dēspērārent	er solle nicht verzweifeln sie sollten nicht verzweifeln
Gliedsätze		
Indikativ oder Konjunktiv	**Konjunktiv**	**Konjunktiv**
Nāvis, postquam portum relīquit, semper ventīs vexātur,	nāvem, postquam portum relīquisset, semper ventīs vexārī,	das Schiff werde, nachdem es den Hafen verlassen habe, ständig von Stürmen gefährdet,
cum vetustāte īnfirmior sit.	cum vetustāte īnfirmior esset;	weil es recht altersschwach sei;
Sed procul altera nāvis cognōscitur, quae nōbīs auxilium feret.	sed procul alteram nāvem cognōscī, quae sibi auxi-lium lātūra esset.	aber in der Ferne sichte man ein anderes Schiff, das ihnen Hilfe bringen werde.
Etiam sociī, quōs servā-verimus, in tūtō erunt.	Etiam sociōs, quōs servā-vissent, in tūtō futūrōs [esse] / fore.	Auch die Kameraden, die sie retten würden / gerettet haben würden, würden in Sicherheit sein.

§ 112 Übersicht: *quod*-Sätze

A   Relativsätze

Colōnia est oppidum, quod ad Rhēnum situm est.	Köln ist eine Stadt, die am Rhein liegt.
Quod dīxistī, mihi placet.	Was du gesagt hast, gefällt mir.

B   kausale Adverbialsätze

Gāius, quod sevērus est, nōn amātur.	Weil Gajus streng ist, wird er nicht geliebt.

C   faktisches *quod – die Tatsache, dass*

Accēdit, quod patrem eius amō.	Hinzu kommt die Tatsache, dass ich seinen Vater schätze.
Hōc praestāmus fērīs, quod colloquimur inter nōs.	Von den Tieren unterscheiden wir uns durch die Tatsache / dadurch, dass wir miteinander reden.

§ 113 Übersicht: *cum*-Sätze

A   mit dem Indikativ   Übers.: Indikativ

(immer) wenn (temporal)	cum iterativum
Cum bellum geritur, porta templī Iānī aperītur.	(Immer) wenn ein Krieg geführt wird, wird die Tür des Janustempels geöffnet.
(damals,) als (temporal)	cum temporale
Cum Caesar in Galliam vēnit, duae erant ibī factiōnēs.	Als Caesar nach Gallien kam, gab es dort zwei Parteien.
als (plötzlich) (temporal)	cum inversivum
Rōmulus diū in tumulō stābat, cum (subitō) nimbus eum circumdedit / circumdat.	Romulus stand lange auf einem Hügel, als ihn plötzlich eine Wolke umhüllte.
indem / dadurch, dass (modal)	cum coincidens
Accūsās, cum excūsās.	Du klagst an, indem / dadurch, dass du entschuldigst.

B   mit dem Konjunktiv   Übers.: Indikativ
(zum Tempus: § 72)

als (temporal)	cum historicum
Cum Caesar iam cōnsēdisset litterāsque legeret, Brūtus appāruit.	Als Caesar sich eben hingesetzt hatte und nun einen Brief las, erschien Brutus.

weil / da (kausal)

Caesar pāruit, cum rēs gravis esse vidērētur.

cum causale

Caesar willigte ein, weil die Angelegenheit wichtig zu sein schien.

obwohl (konzessiv)

Caesar, cum magnō in timōre esset, tamen domī nōn mānsit.

cum concessivum

Obwohl Caesars Angst groß war, blieb er dennoch nicht zu Hause.

während (adversativ)

Sōcratis sermōnēs Platō trādidit, cum ipse litteram nūllam relīquisset.

cum adversativum

Die Sokrates-Gespräche hat Platon überliefert, während Sokrates selbst keinen Buchstaben hinterlassen hat.

114 Übersicht: *ut*-Sätze

A mit dem Indikativ

wie (vergleichend)

Ita est, ut dīxī.

Übers.: Indikativ

komparativ / modal

Es ist so, wie ich gesagt habe.

als temporal

Ut argentum tibi dederāmus, domum profectī sumus.

Als wir dir das Geld gegeben hatten, gingen wir nach Hause.

B mit dem Konjunktiv

dass / zu

Gāius servīs imperāvit, ut labōrārent.

Postulō, nē clāmētis.

Übers.: Indikativ / Infinitiv

„Was?“: Begehrssatz (finaler Objektsatz)

Gajus befahl seinen Sklaven zu arbeiten.

Ich fordere, dass ihr nicht schreit. / Ich fordere euch auf, nicht zu schreien.

damit / um zu

Dō, ut dēs.
Gāius, nē tempus cōnsūmerētur, statim profectus est.

„Wozu?“: Zweck-, Absichtssatz (finaler Adverbialsatz)

Ich gebe, damit du gibst.
Gajus brach, um keine Zeit zu verlieren, sofort auf.

Finale Sätze werden mit *nē* verneint (*ut* entfällt dabei meist).

C mit dem Konjunktiv	Übers.: Indikativ
	Verneinung: *nōn*
(so)dass	konsekutiv
Ita territus sum, ut taceam.	Ich bin so erschrocken, dass ich schweige.
Ita territus sum, ut nōn fugiam.	Ich bin so erschrocken, dass ich nicht weglaufe.

D mit dem Konjunktiv	Übers.: Indikativ
	Verneinung: *nōn*
obwohl / auch wenn	konzessiv
Ut dēsint vīrēs, tamen est laudanda voluntās.	Obwohl / Auch wenn die Kräfte fehlen, muss man doch die Absicht loben.

E mit dem Konjunktiv	Übers.: Indikativ
	Verneinung: *nōn*
dass	(Subjektsatz)
Accidit, ut iūdicēs fallerentur.	Es geschah, dass die Richter getäuscht wurden.

§ 115 Übersicht: *quīn*-Sätze

A quīn = *„Warum nicht? "*

(Quīn veniat? Nōn dubitō.)	(Warum sollte er nicht kommen? Ich habe keine Zweifel.)

Daraus wird:

Nōn dubitō, quīn veniat.	Ich zweifle nicht daran, dass er kommt.
Nēmō impediēbat, quīn hominēs in circō necārentur.	Niemand versuchte zu verhindern, dass im Zirkus Menschen umgebracht wurden.

B quīn = quī nōn, quae nōn, quod nōn

Nēmō erat, quīn id officium susciperet.	Es gab niemanden, der diese Pflicht nicht übernahm / übernommen hätte.
Nihil est, quīn pereat.	Es gibt nichts, was nicht vergeht.

116 Übersicht: *esse* mit verschiedenen Kasūs

„Kopula" heißt *esse* neben einem Prädikatsnomen (Substantiv oder Adjektiv im Nominativ, im aci im Akkusativ). Auch die anderen Kasūs können neben *esse* stehen. Die Übersetzung ergibt sich aus der Kasusfunktion (Aufgabe des Kasus).

Nominativ (Substantive und Adjektive)	
Sicilia īnsula est.	Sizilien ist eine Insel.
Akkusativ (Substantive und Adjektive) im aci	
Siciliam īnsulam esse scīmus.	Wir wissen, dass Sizilien eine Insel ist.
Genitivus qualitatis oder Ablativus qualitatis	

Statua
  magnae pulchritūdinis /
  magnā pulchritūdine
erat.
	Die Statue
	(war von großer Schönheit)
	war sehr schön.

Genitivus possessivus oder Dativus possessoris	

Tum Sicilia nōndum
  Rōmānōrum
  Rōmānīs
erat.
	Damals gehörte Sizilien noch nicht den Römern. / Damals besaßen / hatten die Römer Sizilien noch nicht / waren die Römer noch nicht Besitzer Siziliens.

Genitivus possessivus: Pflicht oder Eigenschaft	
Patris est fīliō adesse.	(Es gehört zu einem Vater) Es ist die Pflicht eines Vaters, seinem Sohn beizustehen.
Sapientiae est paucīs contentum esse.	(Es gehört zur Klugheit) Es ist eine Eigenschaft der Klugheit, / Es ist ein Zeichen von Klugheit, mit wenigem zufrieden zu sein.
Dativus finalis neben einem Dativobjekt: doppelter Dativ	
Statua urbī ōrnāmentō erat.	Die Statue diente der Stadt zum Schmuck / war Schmuck der Stadt / schmückte die Stadt.
***in* + Ablativus locativus, der (das Gefäß =) den Besitzer einer Eigenschaft angibt (hier ist *esse* Vollverb, nicht Kopula)**	
In Carthāginiēnsibus magna crūdēlitās erat.	(In den Karthagern wohnte) Die Karthager hatten / zeigten große Grausamkeit.

Auch Infinitive können neben *esse* wie Nominative und Akkusative die entsprechenden Satzstellen besetzen.

Dōnāre est perdere.	Schenken ist Verschwenden.
Errāre hūmānum esse scīmus.	Wir wissen, dass Irren menschlich ist.

Zur deutschen Grammatik

117 Mehrwortformen

A Einige deutsche Tempora werden mit Hilfsverben gebildet – und zwar mit *werden* das Futur und alle Passivformen, mit *haben* und *sein* das Perfekt und das Plusquamperfekt:

Futur	Infinitiv	+	*werden*
Passiv	Partizip II	+	*werden*
Perfekt	Partizip II	+	*haben / sein*

Beispiele:

Futur	... weil er morgen abreisen wird.
Passiv Präsens	... weil du heute gelobt wirst.
Präteritum	... weil du gestern geprüft wurdest.
Perfekt	... nachdem ich ihn gelobt habe, weil er gekommen ist.
Plusquamperfekt	... nachdem ich ihn gelobt hatte, weil er gekommen war.

B Einige deutsche Mehrwortformen sind entsprechend kompliziert. Das dt. Futur II ist ungebräuchlich; es genügen Präsens und Perfekt.

Aktiv

(Futur II	... weil ich geweint haben werde.
	... weil ich gelaufen sein werde.)

Passiv

Perfekt	... weil er gesehen worden ist.
Plusquamperfekt	... weil er gesehen worden war.
Futur I	... weil er geheilt werden wird.
(Futur II	... weil er geheilt worden sein wird.)

Wenn *worden* fehlt, wird der Zustand betont:

Perfekt	... weil er geheilt ist.
Plusquamperfekt	... weil er geheilt war.
(Futur II	... weil er geheilt sein wird.)

§ 118   Präteritum und Perfekt

Das deutsche Erzähltempus der Vergangenheit ist das Präteritum. Es gibt an, dass die Geschehnisse und Zustände in der Vergangenheit liegen. Adverbien (wie *einmal; einst*) können den zeitlichen Abstand betonen.

> Es war einmal ein reicher Mann, dem wurde seine Frau krank, und als sie fühlte, dass ihr Ende herankam, rief sie ihr einziges Töchterchen … (Aschenputtel)

Das deutsche Perfekt dagegen gehört zur Gegenwart des Sprechers:

> In einem kühlen Grunde, / da geht ein Mühlenrad. / Mein' Liebste ist verschwunden, / die da gewohnt hat. (Eichendorff)

Resultativ bezeichnet das deutsche Perfekt einen Zustand, der zwar aus einem Geschehen in der Vergangenheit entstanden ist, in der Gegenwart jedoch fortbesteht. Mein' Liebste ist jetzt fort, nachdem sich das Mädchen vorher entfernt hat.

Konstatierend bezeichnet das deutsche Perfekt ein Geschehen, das in der Vergangenheit vollendet worden ist – eben dies wird als Tatsache festgestellt (konstatiert). Einst hat mein' Liebste dort gewohnt, jetzt aber nicht mehr.

Überblick über den deutschen Konjunktiv   §§ 119–121

Den Konjunktiv gibt es im Lateinischen und im Deutschen. Die Funktion ist jedoch meist nicht gleich: Nicht jeder lt. Konjunktiv führt in der Übersetzung zu einem dt. Konjunktiv, und ein dt. Konjunktiv erscheint in der Übersetzung häufig dort, wo im Lateinischen kein Konjunktiv steht.
Das Deutsche kann alle Tempora des Konjunktivs bilden. Dabei unterscheidet man die Gruppen Konjunktiv I und Konjunktiv II (Formen: § 121).

§ 119   Konjunktiv I

|A| Konjunktiv I: Optativus, Jussivus

Der Konjunktiv I im Präsens drückt für die Gegenwart einen erfüllbar gedachten Wunsch oder eine Aufforderung aus: Optativ oder Jussiv.

> Dein Reich komme, dein Wille geschehe!
> Man nehme etwas Mehl und verrühre mit einer Tasse Milch!

Beim unerfüllbar gedachten Wunsch tritt der Konjunktiv II auf.

B   Konjunktiv I: Obliquus

Der Konjunktiv I bezeichnet vor allem die abhängige (indirekte) Rede – also Sätze, die der Verfasser ohne Gewähr für den eigentlichen Wortlaut nur referiert und durch den Konjunktiv als referierte Sätze bezeichnet (Oratio obliqua): Obliquus.

Das Tempus des Konjunktivs bezeichnet dabei das Zeitverhältnis zum übergeordneten Verb:

Tempus	Zeitverhältnis	
Konjunktiv Perfekt	Vorzeitigkeit	VZ
Konjunktiv Präsens	Gleichzeitigkeit	GZ
Konjunktiv Futur	Nachzeitigkeit	NZ

Wichtig: Das Tempus des Konjunktivs wird weder vom Tempus des übergeordneten Verbs noch von der Zeitstufe beeinflusst. Entscheidend ist allein das Zeitverhältnis (vgl. § 65).

Falls Formen des Konjunktivs I dem Indikativ gleichen, werden sie durch den Konjunktiv II ersetzt. Die Umschreibung mit dem Konditional (also *er würde schreiben* statt *er schreibe*) verbreitet sich zwar, gehört jedoch nicht ins Schriftdeutsch.

C   Konjunktiv I Obliquus: Tempus in indirekter Rede

	HS	GS		
	Zeitstufe beliebig!	VZ	GZ	NZ
Konjunktiv I		Konjunktiv Perfekt	Konjunktiv Präsens	Konjunktiv Futur
	Sie fragte,	worüber er gestern gelacht habe.	worüber er gerade lache.	worüber er morgen lachen werde.
Ersatz durch Konjunktiv II		Konjunktiv Plusquamperfekt	Konjunktiv Präteritum	Konjunktiv Futur = Konditional
	Sie fragte,	worüber wir gestern gelacht hätten.	worüber wir gerade lachten.	worüber wir morgen lachen würden.

99

Weitere Beispiele:

Zeitstufe im HS (beliebig)			Zeitverhältnis im GS	
Der König	Vgh.	hatte ihn gefragt, hat ihn gefragt, fragte ihn,	GZ	welchen Auftrag er habe und wer er überhaupt sei;
	Ggw.	fragt ihn,		
	Zkf.	wird ihn fragen,	VZ	was er im Park gesehen habe und wie er ins Schloss gelangt sei;
			NZ	wann er wieder zurück-kehren werde.
			GZ	welchen Auftrag sie hät-ten und wer sie über-haupt seien;
			VZ	was sie im Park gesehen hätten und wie sie ins Schloss gelangt seien;
			NZ	wann sie wieder zurück-kehren würden.

Vgl. auch §§ 110–111: Regeln und Beispiel für die deutsche indirekte Rede.

§ 120   Konjunktiv II

A   Konjunktiv II: Irrealis

Der Irrealis bezeichnet eine Vorstellung, die der Wirklichkeit nicht ent-spricht.

Tempus des Konjunktivs II	Zeitstufe des irrealen Satzes
Präteritum	Gegenwart
Plusquamperfekt	Vergangenheit

Beispiele:

Ggw.: Wenn ich ein Vöglein wär
     Und auch zwei Flügel hätt,
     Flög ich zu dir.

Vgh.: Wär nicht ein Mann gekommen,
     Hätt sich ein Herz genommen,
     Wer weiß!

Nur im HS kann der irreale Konjunktiv durch *würde* (Konditional) umschrieben werden; aber: *wenn*-Sätze sind *würde*-los.

Ggw.: Wenn ich ein Vöglein wäre (nicht: sein würde!),
    würde ich zu dir fliegen.

Vgh.: Wenn ich es gewusst hätte (nicht: haben würde), würde ich es gesagt haben.

[B] Konjunktiv II: Wünsche

Dem Irrealis der Aussagesätze entsprechen die unerfüllbar gedachten Wünsche.

Tempus des Konjunktivs II	Zeitstufe des unerfüllbar gedachten Wunsches
Präteritum	Wunsch der Gegenwart
Plusquamperfekt	Wunsch der Vergangenheit

Beispiele:

Ggw.: Ach, dass es doch wie damals wär!
    O wüsst ich doch den Weg zurück!

Vgh.: O hätt ich doch nie gehandelt!
    Wärst du doch in Düsseldorf geblieben!

[C] Konjunktiv II: Potentialis

Der Potentialis, oft von Hilfsverben, bezeichnet eine Möglichkeit, die der Wirklichkeit entsprechen könnte.

    Man könnte sagen …
    Das dürfte richtig sein.
    Wer wüsste nicht …

Oft bezeichnet den Potentialis das Hilfsverb *werden* im Indikativ (äußerlich wie Futur I / II).

    – „Wo ist eigentlich Karl?“
Ggw.: – „Er wird noch in Hamburg sein.“
    – „Und Fritz?“
Vgh.: – „Der wird in Amerika geblieben sein und dort eine Farm gegründet haben.“

101

§ 121　Übersicht: Formen des Konjunktivs I und II

Konjunktiv I (mit Präsensformen gebildet)

	gleichzeitig / Präsens					vorzeitig / Perfekt		nachzeitig / Futur
ich	[werde]	sei	[fahre]	[habe]	[lache]	sei gewesen	[habe gehabt]	[werde sein]
du	werdest	seist	fahrest	habest	lachest	seist gewesen	habest gehabt	werdest sein
er/sie	werde	sei	fahre	habe	lache	sei gewesen	habe gehabt	werde sein
wir	[werden]	seien	[fahren]	[haben]	[lachen]	seien gewesen	[haben gehabt]	[werden sein]
ihr	[werdet]	seiet	fahret	habet	lachet	seiet gewesen	habet gehabt	[werdet sein]
sie	[werden]	seien	[fahren]	[haben]	[lachen]	seien gewesen	[haben gehabt]	[werden sein]

Konjunktiv II (mit Präteritumformen gebildet)

	gleichzeitig / Präteritum					vorzeitig / Plusquamperfekt		nachzeitig / Konditional
ich	würde	wäre	führe	hätte	[lachte]	wäre gewesen	hätte gehabt	würde sein
du	würdest	wärst	führst	hättest	[lachtest]	wärst gewesen	hättest gehabt	würdest sein
er/sie	würde	wäre	führe	hätte	[lachte]	wäre gewesen	hätte gehabt	würde sein
wir	würden	wären	führen	hätten	[lachten]	wären gewesen	hätten gehabt	würden sein
ihr	würdet	wärt	führt	hättet	[lachtet]	wärt gewesen	hättet gehabt	würdet sein
sie	würden	wären	führen	hätten	[lachten]	wären gewesen	hätten gehabt	würden sein

In eckigen Klammern stehen die Konjunktive, deren Form mit dem Indikativ übereinstimmt.

§ 122 Haupt- und Gliedsätze im Deutschen

Die Regeln in A und B haben viele Ausnahmen.

A Im HS-Aussagesatz steht das finite Verb hinter dem ersten Satzglied [1] (mit allem, was dazugehört [2]) oder hinter einem Konjunktionalsatz [3]. Im HS-Fragesatz steht es hinter der Frageeinleitung [4], in einer Satzfrage vorn [5]. Vorn steht der Imperativ [6].

[1] Fritz heißt mein Freund.
[2] Mein guter Freund aus den alten Tagen auf dem Lande, als wir zusammen zur Schule gingen, heißt Fritz.
    Trotz unseres entsetzlichen Streites über Dinge, an die wir beide uns kaum noch erinnern, wohnt er jetzt bei mir.
[3] Obwohl er in den USA den Namen Frederick gewählt hatte, nennt er sich hier wieder Fritz.
[4] Wo hat er sich so lange aufgehalten? Aus welchem Anlass ist er denn gekommen?
[5] Hat er sich telefonisch angemeldet?
    Sieht er noch wie früher aus?
[6] Komm endlich her! (Jedoch: Er lebe hoch!)

B Ein dt. Gliedsatz hat

– am Anfang meist ein Relativ- oder Interrogativpronomen oder eine Konjunktion (Subjunktion)
– das finite Verb immer an letzter Stelle (vor dem Satzzeichen).

Fritz heißt mein Freund,	der gestern angekommen ist.
Er hat mir nicht verraten,	wen er hier sucht.
Aber ich weiß,	dass er harmlos ist.
Er kommt jedenfalls,	weil er hier immer geachtet worden ist.

Nur in der indirekten Rede im Konjunktiv ohne *dass* steht das finite Verb an derselben Stelle wie im Hauptsatz der direkten Rede:

Direkte Rede:	Fritz schrieb mir:
	„Nach meiner Ankunft will ich meine Freunde sehen. Ich werde sie selbst einladen."
Indirekte Rede:	Fritz schrieb mir,
	nach seiner Ankunft wolle er seine Freunde sehen; er werde sie selbst einladen.

Ein Konditionalsatz ohne *wenn* hat das finite Verb am Anfang:

Lädt er sie nicht ein, ist er selbst Schuld.
Täte er's nicht, wären alle traurig.

§ 123 Zur Metrik

Metrik ist die Lehre vom Rhythmus. Lateinische Verse laut zu lesen lernt man am besten im Unterricht: Der Lehrer spricht vor, die Gruppe spricht nach, der Einzelne trägt vor. So lernt man den Rhythmus durch Hören und Sprechen und nicht durch Messen und Zählen. Kinder lernen ein Lied durch Vor- und Mitsingen, nicht durch Noten. Rhythmus ist in allen Sprachen ein Klangereignis und erfordert das laute Vorlesen oder Aufsagen.

Ein deutsches Gedicht hat seinen Rhythmus im bestimmten Wechsel von betonten und unbetonten Silben, ein lateinisches im bestimmten Wechsel langer und kurzer Silben.

Deutsche Sprecher vereinfachen den Vortrag, indem sie Längen betonen, Kürzen unbetont lassen. Man spricht auch von Hebungen und Senkungen.

Über Längen und Kürzen s. §§ 2 und 3.

Wichtig: Wenn ein Wort mit einem Vokal oder *-m* hinter einem Vokal endet und das folgende Wort mit einem Vokal oder *h-* beginnt, spricht man von Hiat:

> magna urbs; magnam urbem; magnarum urbium;
> magna hasta; magnam hastam; magna est; magnum est.

Elision: Zur Vermeidung des Hiats wird der vorhergehende Vokal *(+m)* ausgestoßen:

> magn'urbs; magn'urbem; magnar'urbium; magn'hasta; magn'hastam;

bei *est* jedoch das *e*:

> magna'st; magnum'st.

Am Versende spielt die Länge der letzten Silbe keine Rolle (Syllaba anceps – mit x bezeichnet). – Oft kann eine Länge ‾ durch zwei Kürzen ⌣ ⌣ ersetzt werden oder zwei Kürzen ⌣ ⌣ durch eine Länge ‾. So wird z.B. ein Daktylus ‾ ⌣ ⌣ durch einen Spondeus ‾ ‾ ersetzt.

Métrum (Versfuß) heißt eine bestimmte, meist wiederholte Folge von Längen und Kürzen. Mehrere Metren ergeben einen Vers (eine Zeile), mehrere Verse eine Strophe bzw. ein Gedicht.

Die häufigsten Metren sind:

Dáktylus

Merkwörter: *Dáktylus* / *Kárlsruhe*

Aus Daktýlen ‾ ⌣ ⌣ und Spondéen ‾ ‾ bestehen Hexameter und Pentameter.

Hexámeter

−◡◡−◡◡−◡◡−◡◡−◡◡−× oder −−−◡◡−−−−−−◡◡−× o.ä.

Pfíngsten, das liébliche Fést, war gekómmen. Es grǘnten und blǘhten
Féld und Wáld. Auf Hǘgeln und Hőhn, in Bǘschen und Hécken
Űbten ein frőhliches Liéd die neú ermúnterten Vőgel.

Goethe, Reineke Fuchs

Tú regere ímperió populós, Románe, meménto −
Tú reger'ímperió populós, Románe, meménto −
  − ◡◡ −   ◡◡− ◡ ◡ −   − − ◡ ◡ − ×

Haé tibi erúnt artés − pacísque impónere mórem,
Haé tib'erúnt artés − pacísqu'impónere mórem,
  − ◡ ◡− − − −− − − ◡◡ −×

Párcere súbiectís et débelláre supérbos.   Vergil, Aeneis 6.851−853
  − ◡◡ − − − − − −−◡ ◡ − ×

Du denk daran, Römer, die Völker mit deinem Befehl zu regieren.
Das werden deine Leistungen sein − und ihnen Friedenssitten zu geben,
Die Unterworfenen zu schonen und die Stolzen niederzuwerfen.

Der Hexameter besteht aus sechs Daktylen oder Spondeen (sechs Längen/
Hebungen, die durch je zwei Kürzen/Senkungen oder auch durch eine Län-
ge/Senkung getrennt sind). Die sechs Metren führen zu dem Namen Hexameter, »Sechs-Maß«.

Pentámeter −◡◡−◡◡−|−◡◡−◡◡− oder −−−−−|−◡◡−◡◡− o.ä.

Ím Hexámeter steígt des Spríngquells flǘssige Säúle;
Ím Pentámeter draúf Fállt sie melódisch heráb.   Schiller

Ím Hexámeter hébt der Jǘngling die Árme zum Kópfsprung;
Ím Pentámeter draúf Steígt er gelássen heráb.   Schiller-Parodie

Néc possúm tecúm Vívere néc sine té.   Martial 12.47
  − − − − −− − ◡◡ − ◡◡ ×

Weder kann ich mit dir leben noch ohne dich.

Der Pentameter, »Fünf-Maß« aus Daktylen und Spondeen, ist sozusagen ein
Hexameter, dem in der Mitte und am Ende zwei halbe Metren fehlen. − Den
Pentameter gibt es nur nach einem Hexameter; dieses Verspaar heißt Disti-
chon, »Zweireiher«. Ein Gedicht aus Distichen heißt Elegie.

105

Distichon – Hexameter + Pentameter

Múnera – créde mihí! – capiúnt hominésque deósque.
– ◡◡   – ◡ ◡–   ◡ ◡ ◡–   ◡ ◡ –   ◡ ◡–   ×

Plácatúr donís Iúppiter ípse datís.   Ovid, Ars amatoria 3.653 f.
– – –   – –   – ◡◡ – ◡ ◡–

Geschenke – glaub mir! – bestechen Menschen und Götter.
Versöhnt wird durch Geschenke, die wir ihm geben, Jupiter selbst.

Rébus in ángustís facile ést contémnere vítam;
Rébus in ángustís facil'ést contémnere vítam;
– ◡ ◡ –   – –   ◡◡ –   – –   ◡◡ –×

Fórtiter ílle facít, Quí miser ésse potést.   Martial 11.56.15
– ◡ ◡ – ◡ ◡–   – ◡◡ – ◡ ◡×

In der Not das Leben zu verachten ist nicht schwer;
tapfer handelt der, der unglücklich sein kann.

Spondéus

Merkwort: *Dú aúch! / Rhein-Main*

Nón plus últra.   Hiob 38.11
–   – – –

Nicht weiter!

Ólli réspondít rex Álbaí Longái.   Ennius
– – – – – – – –   – –

Jenem antwortete der König von Alba Longa.

Enjambement

Ein Enjambement (Hinüberschreiten) liegt vor, wenn das Versende den Satzbau oder den Gedankenfluss nicht unterbricht.

Ach, was muss man oft von bösen
Kindern hören oder lesen.   W. Busch

Árma virúmque canó, Troiaé qui prímus ab óris
Ítaliám fató profugús Lavíniaque vénit
Lítora.

Die Waffentaten und den Mann besinge ich, der, vom Schicksal
vertrieben, von Trojas Küste als Erster nach Italien und an
die Gestade Laviniums gekommen ist.   Vergil, Aeneis 1.1–3

Index

Die Zahlen bezeichnen die Paragraphen